P. Gerold Schmitz OFM
Was wird aus unseren Orden?

P. Gerold Schmitz OFM

Was wird
aus unseren Orden?

Eine kritische Bilanz
Grundlagen für eine Erneuerung des Ordenslebens

Bestellungen an:

Verlag Kräling-Druck
Siedlinghausen · Hochsauerlandstraße 74
D-59955 Winterberg
Telefon (02983) 666 · Telefax (02983) 555

ISBN 3-9803156-7-3

1. Auflage 1994
Als Manuskript gedruckt

Zeichnungen:
Gerhard Becker, Meschede

Gesamtherstellung:
Kräling-Druck, Winterberg

Printed in Germany

„Von Anfang an gab es in der Kirche Männer und Frauen, die durch die Befolgung der evangelischen Räte Christus in größerer Freiheit nachzufolgen und ihn ausdrücklicher nachzuahmen verlangten und die – jeder auf seine Weise – ein Leben führten, das Gott geweiht war. Viele wählten unter dem Antrieb des Heiligen Geistes ein Einsiedlerleben, andere gaben den Anstoß zu religiösen Gemeinschaften, die von der Kirche kraft ihrer Vollmacht gern unterstützt und bestätigt wurden. So erwuchs nach göttlichem Ratschluß eine wunderbare Vielfalt von Ordensgemeinschaften, die sehr dazu beitrug, daß die Kirche nicht nur zu jedem guten Werk gerüstet (vgl. 2 Tim 3,17) und für den Dienst am Aufbau des Leibes Christi (vgl. Eph 4,12) bereit ist, sondern auch mit den mannigfachen Gnadengaben ihrer Kinder wie eine Braut für ihren Mann geschmückt dasteht (vgl. Offb. 21,2) und die vielgestaltige Weisheit Gottes kundtut (vgl. Eph 3,10)".
PC 1

Worum es geht!

Nicht dasjenige, was gestern oder vorgestern geschehen ist, soll hier überprüft werden, sondern das „Heute" der Ordensgemeinschaften, die *Brisanz* des aktuellen Erscheinungsbildes mit dem Versuch von Zukunftsperspektiven, die sich als Angriff auf das vom Zeitgeist Verunstaltete und zugleich als Vorgriff auf das vom Heiligen Geist zu Erneuernde verstehen.

Den Versuch von Patentlösungen möchte ich vorsätzlich meiden, weil solche immer etwas mit Anmaßung zu tun haben. Andererseits verlöre eine Untersuchung jeglichen Wert, würde man sprichwörtlich „wie die Katze um den heißen Brei gehen", um sich nicht den Mund oder die Pfoten zu verbrennen. Der Mut zur Wahrheit sollte sich mit der Demut zum „mea culpa" verbinden, zumal wenn es sich um das eigene „Nest" handelt, das ins Visier genommen wird. Denn was auf die Kirchenkritik im allgemeinen zutrifft, könnte auch zur Gefahr für den Autor dieser kritischen Untersuchung werden: nämlich zu wenig zu beachten, daß jeder zum Negativbild als auch Positivbild der Gemeinschaft beiträgt, zu der er gehört. Schließlich ist entscheidend, welchem Ziel eine Kritik dienen soll: der öffentlichen Diskriminierung oder aber der Selbstfindung und Erneuerung, zumal das 2. Vaticanum die Hinterfragung des Bestehenden vehement gefordert hat.

Wäre es also redlich, die Krise im eigenen Orden zu verschleiern? Gut Wetter zu machen, wo jeder weiß, daß der seraphische Himmel mit Sturmwolken verhangen ist? Da vor allem ältere Mitbrüder die bitteren Worte über die Lippen bringen:

Das ist heute nicht mehr der Orden, in den ich einmal eingetreten bin!? Was sollen wir in dieser Situation tun? Uns anpassen oder zurückziehen, ducken oder aufmucken? Uns mit der Meinung trösten: Laßt nur die Jungen machen, die werden das schon hinkriegen?

Es steht zuviel auf dem Spiel, als daß wir es uns so einfach machen dürften. Ich bin der Meinung, daß wir offen aussprechen müssen, was wir denken, auch wenn das auf heftigen Widerspruch stoßen sollte. Daß wir für unsere Überzeugung gerade stehen und uns nicht verkrümmen lassen um des lieben „Friedens" oder einer fragwürdigen Brüderlichkeit willen. Maßgeblich ist nur, daß die Kritik aus Liebe zum Gegenstand der Untersuchung geschieht.

Lesen wir in den Schriften des hl. Franziskus, so erkennen wir auch bei ihm jene absolute Aufrichtigkeit, die mit deutlichen Worten nicht spart, wo es um Sein oder Nichtsein der Ordensexistenz geht. Er nimmt kein Blatt vor den Mund, wo immer es sich um die Treue zum Evangelium oder zur Kirche handelt. Der offene Widerspruch kann zur Pflicht werden, wenn Vorschriften der Kirche offensichtlich verletzt werden.

Niemand ist verpflichtet, im „heiligen" Gehorsam alles hinzunehmen, was als Willkür oder Mißbrauch bezeichnet werden muß. Es gibt die höhere Gehorsamspflicht, die Franziskus selbst als Maßstab für die Zugehörigkeit in seinem Orden herausstellt: „Alle Brüder sollen katholisch sein, katholisch leben und reden. Sollte jedoch einer in Wort und Werk vom katholischen Glauben abirren und sich nicht bessern wollen, dann soll er aus unserer Brüderschaft gänzlich ausgeschlossen werden" (nichtbestätigte Regel). (Anm.)

Anm.: „Diese grundsätzlichen Aussagen: Leben nach dem Evangelium im Gehorsam gegenüber der Kirche bilden die Klammer, die die Regel zusammenhält. Diese ist darum nur noch die Entfaltung dieser Grundaussagen." Johannes-B. Freyer OFM „Der demütige und geduldige Gott" 1991, Johannes-Duns-Skotus-Akademie, Mönchengladbach, S. 176

Anläßlich eines Vortrages am Ordenstag des Marianischen Weltkongresses in Kevelaer am 15. 09. 1987 zum Thema „Marianische Grundhaltungen der Ordenschristen", weist P. Herbert Schneider OFM auf die Urbildlichkeit Mariens in ihrer Verfügbarkeit für den „Herrn" als Leitmotiv für das Ordensleben hin. „Marianische Grundhaltungen der Ordenschristen stellen eine Chance dar für die eigene Erneuerung und die Sendung zur Re-evangelisierung Europas."
Deshalb wird von der Belebung marianischer Frömmigkeit, die zur eucharistischen hinführt, entscheidend der Fortbestand des Ordenslebens abhängen, denn nur so wird eine Entfremdung von der Kirche vermieden, die zum Grundproblem mancher Ordensleute geworden ist.

Laut L'Oservatore Romano vom 07. 01. 1994, wird in Rom vom 2.–28. Oktober dieses Jahres eine Bischofssynode zum Thema „Das gottgeweihte Leben und seine Sendung in Kirche und Welt" stattfinden. Es wird abzuwarten sein, was die Synode an Antworten auf die notvolle Situation der Ordensgemeinschaften, wie sie sich heute darbietet, zu geben weiß.

Dieser 2. Teil meiner Ausarbeitungen über die Orden ist als vorletzte einer Trilogie gedacht, deren erster Teil „Kirche auf dem Prüfstand" bereits 1989 im R. G. Fischer-Verlag, Frankfurt, erschienen ist. Im 3. Teil möchte ich die kirchliche Jugendarbeit im heutigen Erscheinungsbild untersuchen und Vorschläge zur Erneuerung unterbreiten.

Inhaltsangabe

Abkürzungen:	PC	=	Perfectae Caritatis
	LG	=	Lumen Gentium
	ES	=	Ecclesiae Sanctae
	LThK	=	Lexikon für Theologie und Kirche

St. Benedictus

Plastik im Kreuzgang des ehem. Benediktiner-Klosters
in Schmallenberg-Grafschaft

I. Teil

Versuch einer Diagnose

1. Ad fontes! (Anm.)

„Mir drängt sich oft das Bild vom Fluß in den Sinn. Seine Mündung bietet ein unklares und trübes Wasser. Wollten wir das Fluß-wasser in seiner Klarheit und Frische erfahren und seinen Geschmack kosten, müßten wir stromaufwärts bis zur Quelle zurückkehren. Dort kann man dann das Wasser in aller ursprünglichen Frische kosten und schmek-ken."

(Kardinal Meisner)

Anm.: Übersetzt: Zurück zu den Quellen

Das Ur-sprüngliche liegt im Quellgrund, in der Tiefe des noch Verborgenen, was im Quellwasser rein und unverfälscht zutage tritt. Das Ursprüngliche ist das vom Urgestein behütete, das aber der Erosion verfällt, sobald es den Oberflächenkräften der Natur ausgesetzt ist. So ist es mit dem Gestein, und so ist es mit dem Wasser, das als Quelle aus ihm hervorsprudelt; letzteres wird beim Austritt aus der Tiefe sogleich von der Beschmutzung bedroht.

Wenn wir die Ordensgründungen und äquivalente Gemeinschaftsbildungen mit diesem Naturvorgang vergleichen, so zeigt sich uns ein ähnliches Geschehen: Ordensstifter(innen) leben aus der Tiefe des Charismas, das aus ihren begnadeten Seelen aufgebrochen ist. Solange es von ihnen allein gelebt wird, behält es seine Originalität; sobald es aber als Quelle für jene dient, die das Neue im Aufbruch einer christlichen Lebensform so sehr fasziniert, daß sie diese gern übernehmen möchten, sich aneignen und nachvollziehen, tritt die Quelle in das Flußbett der Geschichte ein, die ihr nicht selten Gewalt antut, indem die sie Gestaltenden ihr eigenwilliges und zeitbedingtes Verständnis des Ursprungideals richtungsweisend machen, was nicht selten zur Aufspaltung des einen Flußbettes in verschiedene Flußarme geführt hat. Gewiß gibt es auch schon bei den Stiftern oder Stifterinnen religiöser Gemeinschaften Entwicklungs- und Reifungserscheinungen, die die Lebenserfahrung notwendigerweise mit sich bringt, eine Klärung der Ursprungsberufung, die mit den Jahren der Erprobung und geheimnisvollen Gnadenführung ausreifte, weshalb es die fiktive „reine Lehre" oder das „kristallklare Vorbild" nie geben kann und geben wird. Jeder Mensch – auch der begnadetste – erlebt an sich das ständige Ringen um die Verwirklichung der Berufung, die ihm die Demut des „unnützen Knechtes" abverlangt (vgl. Lk17,7–10).

Niemandem bleibt die ständige Lebenskorrektur erspart, dessen sich besonders jene bewußt waren, deren Leben wir als heiligmäßig und vorbildlich beurteilen. Was vom einzel-

nen Ordensmitglied gilt, betrifft aber auch die Ordensgemeinschaften als Ganzes.

Damit hätte ich einiges zum Sinn des Ursprünglichen gesagt, aber noch nicht den eigentlichen Brennpunkt der
Betitelung meiner Studie ins Visier genommen, nämlich die
Unterstellung, Orden seien des Ursprünglichen verlustig geworden – wohl bemerkt nicht *die* Orden. Denn die asketisch
strengen männlichen und weiblichen Orden, die ein Leben
der Kontemplation oder (und) Weltabgeschlossenheit führen,
sind sich im großen und ganzen in ihrer Ordensdisziplin treu
geblieben, wohl auch deshalb, weil ihnen wenig Spielraum
für eine Lebensumgestaltung ohne Verlust der Ordens-
identität verfügbar ist.

Nun möchte ich aber auch der Unterstellung vorbeugen,
als sei das alles ein rein subjektives Meinungsbild, das sich
nur bedingt an den Realitäten, wie man sie vorfindet, messen
lasse. Ein solches Vorurteil entkräftet schon die Tatsache, daß
es Veröffentlichungen gleicher Art gibt, die bereits im Titel
dieselbe Behauptung des „Verlustes des Ursprünglichen" für
bestimmte Orden aussprechen, so z. B. die Arbeit von Ansgar
Stöcklein „Zerbrochene Synthese", die eine Art Jahreschronik
aus einem Benediktinerkloster in nachkonziliarer Zeit enthält [1]: „Es schien aber angebracht, nicht extreme Fälle von
überall und irgendwo aufzugreifen, sondern im großen und
ganzen nur Vorkommnisse, die sich innerhalb eines einzigen
Jahres (1969/70) in einer einzigen Benediktinerabtei zutrugen
und offen zutage liegen" (S. 7/8).

1988 veröffentlichte der Dominikaner Basilius Streithofen
ein ebenso kritisches Buch unter dem Titel „Die Divisionen
des Papstes" und dem alarmierenden Untertitel „Vom
Wertewandel in den Klöstern". Knallhart stellt er die Frage:

---

(1) Ansgar Stöcklein, Zerbrochene Synthese, 1972 in den „Salzburger Sozialwissenschaftli-
chen Studien" erschienen

„Gibt es überhaupt noch funktionierende Klöster und religiöse Gemeinschaften in unserer Zeit? Stehen die Orden vor dem geistigen und personellen Bankrott?" Von einer fast unüberbietbaren Schärfe seines Urteils zeugt allein folgender Satz: „Für die achtziger Jahre dieses Jahrhunderts und speziell auf mitteleuropäische Verhältnisse abgewandelt, kann man auch feststellen: Der Geisteszustand mancher Ordensmänner und -frauen – auch mancher Weltgeistlicher – unterscheidet sich in seiner opportunistischen Verfallenheit an den Zeitgeist in nichts von dem mancher Magazin- oder Illustriertenredakteuren oder von verkrampften Feministinnen."[2]

Kritik an kirchlichen Institutionen zu üben, erfordert heute nicht viel weniger Mut als in früheren Zeiten, zumal wenn man selbst Mitglied einer solchen Institution ist. Gewiß sollte man sich bei aller geforderten Objektivität, die Tatsachen ungeschminkt offenlegt, vor jeglicher Lieblosigkeit hüten, die sich allzuleicht durch den journalistisch wirksamen Sarkasmus einschleicht.

Die Liebe zum eigenen Orden kann nicht den Blick für das Gute, aber auch nicht den Blick für Fehlentwicklungen trüben. Auch diese Untersuchung möchte nur dem Ziel dienen, auf Entwicklungen im Leben der Orden hinzuweisen, die eine Entscheidungssituation hervorrufen, die man nicht übersehen darf, um nicht der Orientierungslosigkeit zu verfallen. Mit seinem Buchtitel „Die Orden am Scheideweg" trifft der Franziskaner Thaddäus Matura den Nerv der Sache, auf den es ankommt. Denn in der Tat befinden sich zahlreiche ältere und neuere Ordensgemeinschaften am Scheideweg: Sie haben zu wählen zwischen dem „Zurück zu den Quellen" oder zum „Aufbruch zu neuen Ufern". In ihnen spalten sich die Geister nach Art einer konservativen Fortentwicklung des geschichtlich Gewordenen oder aber eines abrupten Neuanfangs, ganz ähnlich der gesamtkirchlichen Entwicklung, in

---

(2) Basilius Streitholfen, Die Divisionen des Papstes, Vom Wertewandel in den Klöstern, Langen Müller 1988, S. 25

der sich eine Spaltung abzeichnet zwischen solchen, die das Zweite Vatikanische Konzil in die kirchliche Tradition als Teilstück einordnen und jenen anderen, die in ihm eine Zäsur epochalen Ausmaßes sehen. Wie gesagt, die Vorgänge in den Orden spiegeln die gesamtkirchliche Entwicklung, die von der einen Seite positiv und von der anderen Seite negativ beurteilt wird; so entstehen zwei Lager, deren Weiterentwicklung noch nicht abzusehen ist. Eine gesinnungsmäßige Grundeinstellung verbindet Ordensleute der verschiedenartigsten Ordensrichtungen häufig mehr als die Zugehörigkeit zur gleichen Ordensfamilie. Ja, es kann dort sogar ein feindseliges Nebeneinander geben, wobei die Verbindung mit anderen Ordensleuten eine Art Ersatzkommunität bildet. Eine Prognose über die Fortentwicklung in unseren Orden ist zum jetzigen Zeitpunkt ebenso schwierig wie eine Wettervorhersage bei Turbulenzen in der Stratosphäre.

Quellen können versiegen – auch in der Ordenslandschaft. Dafür brechen neue auf – heute und morgen. Denn immer wird es Menschen auf der Suche nach dem Schatz im Acker und der kostbaren Perle geben. Und sind nicht die Orden neben den Heiligen die kostbarste Frucht am Baum der katholischen Kirche, an der sie als die Erbin Christi sich zu erkennen gibt? Deshalb wird der Herr ihr niemals diese Pflanzstätte der Heiligkeit wegnehmen, es sei denn, die Kirche würde den Sinn für die Berufung in den Ordensstand verlieren. In diesem Fall gäbe sie den Anspruch, im Vollsinn katholische Kirche zu sein, auf.

Wenn heutzutage immer wieder von der Krise in der Kirche die Rede ist, so ist diese Krise auch Krise der Orden. Damit soll nicht behauptet werden, die Orden seien die alleinigen Krisenmacher, gleichsam die Brandstifter. Gewiß gab und gibt es Ordensleute, die im Übereifer einer Reformhysterie verfallen, die an Martin Luther erinnert, der als Augustinermönch seinen unseligen Feldzug gegen die Kirche antrat.

Die Krise der Orden gestaltet sich wie ein Schwelbrand ständigen Verlustes, der jeweils eine neue Etappe mit der Aufgabe weiterer Niederlassungen erreicht. Über diesen Schrumpfungsprozeß liegt aus dem Jahr 1992 ein Bericht von P. Jörg Dautscher SJ vor, den dieser als Vorsitzender der VDO (Vereinigung Deutscher Ordensobern) diesem Gremium gab, wobei er nüchternes Zahlenmaterial vorlegte: Und so sieht die Statistik bei uns in Deutschland aus:

1972 waren es noch 9753 Professen (in den Priesterorden)

1982: 7876

1992: 6832

1992 lag die Zahl der Novizen bei 122 und der Priester-
weihen bei 66

P. Dautscher gab dazu folgenden Kommentar: „Die Gesell-schaft wie die Kirche lassen heute nicht erkennen, woher künf-tig mehr Ordensnachwuchs kommen könnte. Konsum, Säku-larisation, Institutionenmüdigkeit, Enttäuschung an der Kir-che, mangelnde innerkirchliche Flexibilität, sich heute nötigen Wertorientierungen anzuschließen oder sie öffentlich deutlich zu machen, und vieles andere mehr sind Faktoren, die eine weitere Entfremdung junger Menschen von Kirche und damit auch von Orden bringen werden. Wir teilen als Orden in Deutschland bzw. Westeuropa die Probleme, mit denen die Kirche als solche konfrontiert ist oder die sie selbst schafft." (Entnommen dem Nachrichtenblatt der Kölnischen Fran-ziskanerprovinz, Düsseldorf vom 12. Juli 1992, Nr. 59, S. 242 f).

Dieses Statement enthält die typische Blitzableiterfunk-tion, die alle Schuld von sich auf äußere Umstände und eine rückständige Kirche ableitet.

Die Überwindung der Kirchenkrise beinhaltet die Erneue-rung der Orden aus dem Geist des Ursprungs, die Auf-arbeitung des geistlichen Verlustes durch die Wiederge-winnung einer Spiritualität, die dem Säkularismus eine klare Absage erteilt. (Anm. siehe Seite 19)

Es wird im folgenden untersucht werden müssen, was die Ursachen für die nachkonziliaren Auflösungserscheinungen im Ordenswesen sind, wobei es auf die Wahrheitsfindung und keineswegs auf Schuldzuweisungen ankommt!

Damit ist zwar noch kein Weg aus der Misere des Nachwuchsmangels als auch der Entfremdungserscheinungen im Kommunitätsleben gefunden, aber vielleicht gelingt doch die Erhellung der gegenwärtigen Situation, die nachdenklich macht und Denkanstöße für das Suchen nach brauchbaren Lösungen vermittelt.

Verständlicherweise wird die Ordenszugehörigkeit des Autors seine Vorstellungen durchziehen, und zwar in dem Sinne, daß er seinen eigenen franziskanischen Weg überdenkt und sich den Problemen stellt, die ihn selbst verunsicherten und aus dem Gleichgewicht warfen, da heute eine einheitliche Ausrichtung im Orden nicht mehr erkennbar ist. Ob Uniformität und Gleichschritt im geistigen als auch äußeren Bereich überhaupt erstrebenswert ist, muß mit Recht bezweifelt werden, denn Jesus selbst, der authentische Meister des geistlichen Lebens, ist „aus der Reihe der damals geltenden religiösen Lebenspraxis getanzt", wenn dies seine Überzeugung und Sendung verlangten. Dennoch ist auf gemeinsamem Weg – um zusammenzubleiben – eine abgestimmte Gangart unerläßlich.

Franziskus scheint jedenfalls eine Vielfalt der Berufungen im Rahmen des Evangeliums vorgesehen zu haben. Und wer könnte schon ausschließen, daß sich mit Berufung auf seine Sendung neuzeitliche Formen franziskanischer Spiritualität herausbilden.

Anm.: Ein solcher Säkularismus in ausgeprägter Form liegt den Ausführungen der drei Autoren Jan Kerkhofs, Hermann Stenger und Jan Ernst in „Das Schicksal der Orden – Ende oder Neubeginn", Herder 1971, zugrunde.

2. Ein- und Auswirkungen des Konzils auf Kirchen- und Ordenskrise

Die Auswirkungen des 2. Vaticanum auf die Entwicklung in der nachkonziliaren Kirche werden sehr unterschiedlich beurteilt. Doch gleichgültig, in welchem Lager sich die „Begutachter" befinden, ob bei den Architekten einer futuristischen Liebeskirche ohne Fehl und Tadel oder aber in Kreisen aufgeschreckter „Alt"-Gläubigen, die befürchten, in ihrer Kirche den Boden unter den Füßen zu verlieren; allen gemeinsam ist ein mehr oder weniger großes Maß an Verbitterung: bei den einen, weil die Kirche ihnen immer wieder bei ihrem ungestümen Vorpreschen die rote Ampel zeigt und bei den anderen, weil sie sich von einer Kirchenleitung verraten fühlen, die sich an einem „Markt von Unmöglichkeiten" zu erfreuen scheint.

Wir erleben nun schon seit Jahren einen „geistlichen Bürgerkrieg" in der Kirche, dessen Arsenale die entsprechenden Kampfschriften sind, und zwischen denen gleichsam wie im Niemandsland operierend ein umfangreicher kirchlicher Verwaltungsapparat mit Planungen beschäftigt ist, wie es weitergehen soll. Und alle beschwören das Konzil; lasten ihm das Tohuwabohu an.

Wie aber könnte ein rechtmäßig einberufenes Konzil, das nach katholischem Glauben der Führung durch den Heiligen Geist gewiß sein darf, der Kirche Schaden zufügen! So etwas anzunehmen, wäre schon im Ansatz bedenklich. Und hat nicht Johannes XXIII. sich ausdrücklich auf einen Fingerzeig Gottes berufen, von dem seine Idee, ein Konzil einzuberufen, ausgegangen sei? Immerhin würde jedes von der Kirche gutgeheißene Konzil unter dem gleichen Verdacht stehen, ließe sich am 2. Vaticanum eine Schuldzuweisung bezüglich nachkonziliarer innerkirchlicher Irrungen und Wirrungen nachweisen.

Dazu hat Kardinal Ratzinger einige markante Äußerungen abgegeben: „Das Vaticanum II steht heute im Zwielicht. Von sog. progressiver Seite wird es seit geraumer Zeit als vollständig überholt und so als eine jetzt nicht mehr belangvolle Sache der Vergangenheit betrachtet. Von der Gegenseite – vom konservativen Flügel – wird es umgekehrt als Ursache des gegenwärtigen Verfalls der katholischen Kirche angesehen und als Abfall vom Vaticanum I wie vom Trienter Konzil gewertet. Konsequenterweise wird seine Rücknahme oder eine Revision verlangt, die der Rücknahme gleichkommt". Dementgegen verteidigt der Kardinal ganz entschieden die Position der Kirche: „Beiden Richtungen gegenüber ist zunächst festzustellen, daß das Vaticanum II von derselben Autorität getragen ist wie das Vaticanum I und das Tridentinum, nämlich vom Papst und dem ihm verbundenen Bischofskollegium; daß aber auch inhaltlich das II. Vaticanum sich engstens an die beiden vorausgegangenen Konzilien anschließt und sie an entscheidenden Punkten wörtlich übernimmt."[3]

Wenn nun die Integrität des II. Vaticanum außer Zweifel steht, kann ihm keine mittelbare oder auch unmittelbare Verursachung des disziplinären Desasters in der nachkonziliaren Epoche angelastet werden. Von daher gesehen ist die Themenstellung von Kardinal Höffner, die dieser Nikolaus Lobkowicz 1985 für Vorträge vor der Dechantenkonferenz in Bad Honnef stellte, nämlich die Frage nach den „guten und bösen Folgen des Konzils" nachzuspüren, nicht ganz glück-

---

(3) Joseph Kardinal Ratzinger, Zur Lage des Glaubens, Neue Stadt 1985, S. 25/26

lich gewählt, was sich folglich im Buchtitel des Philosophie-professors niederschlug: „Was brachte uns das Konzil?"[4]

Es wird nicht zu Unrecht behauptet, daß jedes Konzil einen Risikofaktor enthält. Aber das allein berechtigt nicht zu der Schlußfolgerung, daß nachkonziliare innerkirchliche Turbu-lenzen direkte Auswirkungen der Konzilsbeschlüsse sein müssen; sie können auch als Protest gegen unliebsame Konzilserklärungen verstanden werden, die man – wie nach dem II. Vaticanum geschehen –, durch die Berufung auf den imaginären „Geist des Konzils" unwirksam zu machen ver-sucht hat.

Dazu Kardinal Ratzinger: „Ich bin überzeugt, daß die Schäden, auf die wir in diesen 20 Jahren (nach dem Konzil, Ergänzung des Verf.) zugegangen sind, weniger dem wahren Konzil zuzuschreiben sind als vielmehr – auf interner Ebene – der Tatsache, daß sich latent vorhandene polemische und zentrifugale Kräfte in den Vordergrund gedrängt haben; und auf externer Ebene durch das Konfrontiertsein mit einer kul-turellen Revolution im Westen ... seiner liberalradikalen Ideologie individualistischer, rationalistischer und hedonisti-scher Prägung."[5] Und er stellt die Forderung auf: „Rückkehr zu den authentischen Texten des ursprünglichen II. Vati-canum."

Ratzinger will auch nichts von einer vor- und nachkonzili-aren Kirche wissen: „Es gibt nur eine und eine einzige Kirche, die auf dem Weg zum Herrn hin unterwegs ist, indem sie den Schatz des Glaubens, den er selbst ihr anvertraut hat, bestän-dig vertieft und immer besser versteht. In dieser Geschichte gibt es keine Sprünge, es gibt keine Brüche und es gibt keine Unterbrechung der Kontinuität. Das Konzil hatte keineswegs

---

(4) Nikolaus Lobkowicz, Was brachte uns das Konzil?, Pfeiffer 1986

(5) Ratzinger, a. a. O., S. 28

vor, eine Zweiteilung der Zeit in der Kirche einzuführen."[6] In Bezug auf die Kontinuierlichkeit in der Kirche kann es kein vor und nach eines Konzils geben, wie Ratzinger richtig bemerkt, dennoch gibt es eine geschichtliche Entwicklung auch der Kirche, die es gestattet, ihre Geschichte in Epochen aufzuteilen. In diesem Sinne muß es erlaubt sein, einen Unterschied zwischen dem Erscheinungsbild der Kirche in vor- und nachkonziliarer Zeit zu machen, worauf natürlich auch das Konzil mit seinen Dekreten wesentlich mitgestaltend einwirkte. Eine andere Frage ist es, inwieweit solche Einwirkungen aufgrund eines Mißverständnisses des Konzils geschahen. Eine Fehlinterpretation der Konzilstexte kann gewollt und vorsätzlich als auch unbeabsichtigt vorkommen. Auf das „errare humanum est" (Anm.), kann sich allerdings niemand berufen, der die Absicht des Konzils durchschaut und dennoch Gegenteiliges behauptet.

Da Auflösungserscheinungen, die nicht nur in den Orden, sondern in allen Bereichen der Kirche, wenn auch mit mehr oder weniger großen Intensität, ein Faktum sind, dessen Leugnung selbst dem größten Optimisten schwerfallen müßte, wird die Frage nach den Ursachen nicht ruhen, bis sie gefunden sind. Denn niemand wird die Entwicklung einer Krankheit abwarten, ohne nach dem Verursacher zu suchen. Und schließlich kann es keinen ernsthaften Christen gleichgültig lassen, was aus seiner Kirche wird: ob sie bald leersteht oder auch keine Priester und Ordensleute mehr hat. Doch über das Eine müssen wir uns im klaren sein: Lösungsversuche am Konzil vorbei sind utopisch!

Das Konzil muß als Heilsquelle wiederentdeckt werden; denn als solche ist es von Gott gewollt. „Es wäre abwegig, sich vorzustellen," schreibt Lobkowicz, „Gott hätte durch ein Konzil im zwanzigsten Jahrhundert seit der Menschwerdung

---

(6) Ratzinger, a. a. O., S. 33

Anm.: d. h. Irren ist menschlich

Christi erreichen wollen, daß zahllose Gläubige die jahrhundertelang zumal im Abendland gewachsene und gepflegte Frömmigkeit wie einen unnötigen Ballast abwerfen, kaum mehr zur Beichte und gedankenlos zur Kommunion gehen, von Priestern und Theologen in ihrem Glauben verwirrt werden, die Ehrfurcht vor nahezu allem Sakralen, das Vertrauen in die übernatürliche Ordnung sowie den Gehorsam gegenüber den von Gott gesalbten Hirten ablegen und die Gottesmutter nicht mehr ehren ..."[7]

Es muß in diesem Zusammenhang einmal hervorgehoben werden, daß es widergöttliche Mächte gibt, die der Herr selbst als „Fürst dieser Welt" personifiziert hat (vgl. Jo 14,30). Daß sie alle verfügbaren Kräfte mobilisieren, die guten Absichten des Konzils zu vereiteln oder gar in ihr Gegenteil zu verkehren, sollte eigentlich niemanden überraschen, der sich nicht auf die Seite derer gestellt hat, die ihre Existenz glattweg bestreiten. Papst Paul VI. hat das Eindringen böser Gewalten in den geheiligten Raum der Kirche als spürbare und erfahrbare Realität dargestellt. Diesen Gedanken äußerte er im Petersdom am 29. Juni 1972 und in einer Ansprache während der Generalaudienz vom 15. November 1972.

Der „Lügner von Anbeginn" hat die vielen Köpfe verwirrt, die ihre Halbwahrheiten in einer sensationslüsternen Öffentlichkeit vermarkten, und das begann schon, als das Konzil nocht tagte. Nachdem nämlich von den Avantgardisten unter den Periti des Konzils überzogene Erwartungen in die Welt hinausposaunt worden waren, die nicht durch ein Mehrheitsvotum der Konzilsväter nachträglich abgedeckt wurden, brachte man eine neue moraltheologische Kategorie ins Spiel: den „vorauseilenden Gehorsam". Damit aber war der Willkür Tür und Tor geöffnet; der sich auf das Gewissen berufende Ungehorsam zur nachkonziliaren „Tugend" kreiert.

---

(7) N. Lobkowicz, a. a. O., S. 41/42

Auch die Würzburger Synode (1970–75) verstand sich als Aufarbeitung konziliarer Versäumnisse „Weder dem Ordensdekret des Zweiten Vatikanischen Konzils und noch weniger dem Kompromiß in der Kirchenkonstitution (LG 6) ist eine wirkliche Klärung der Frage nach der Stellung geglückt, welche die Orden im Gesamtgefüge der Kirche einnehmen." [8]

Man behauptet nicht zuviel, wenn man sagt, das Konzil sei unter die Räuber gefallen, von denen es erst befreit werden muß, um die ursprünglichen Absichten der Kirchenversammlung ins Werk zu setzen, was Ratzinger mit den Worten ausdrückt: „Ich glaube, daß die wahre Zeit des II. Vaticanum noch nicht begonnen hat; seine Dokumente sind sofort begraben worden unter einem Wust von oberflächlichen oder einfach ungenauen Publikationen. Die Lektüre des Buchstabens der Dokumente wird uns ihren wahren Geist entdecken lassen können ... Der Katholik, der mit Klarheit und folglich mit Schmerz die Schäden sieht, die in seiner Kirche durch die Fehldeutungen des II. Vaticanums hervorgerufen worden sind, muß in eben jenem II. Vaticanum die Möglichkeit der Wiederbelebung finden. Das Konzil ist *seines*, nicht derer, die auf einem Weg weitermachen wollen, dessen Ergebnisse katastrophal waren; es ist nicht das Konzil derer, die zufällig nichts mehr mit dem II. Vaticanum anzufangen wissen, auf das sie wie auf ein ‚Fossil aus der klerikalen Ära' blicken." [9]

Das sind schwerwiegende Worte, die in ihrer Konsequenz den schon bestehenden Riß in der Kirche zu einer Spaltung ausweiten könnten! Der vom Papst beauftragte Hüter des Glaubens in der katholischen Kirche, Kardinal Ratzinger, hat, wie aus der Niederschrift des Gesprächs hervorgeht, das er mit dem Italiener Vittorio Messori führte, unzweideutig die

---

(8) Gemeinsame Synode der Bistümer der BRD von 1971–76, Herder 1976, 2. Auflage, Ordensdokument: Die Orden und andere Geistliche Gemeinschaften: Auftrag und pastorale Dienste heute, S. 549

(9) Ratzinger, a. a. O., S. 38

Reorientierung am Konzil gefordert, was sich auf die vom Konzil gewollte Auslegung der Konziltexte bezieht. Vielleicht war es denn doch von Nachteil, daß Johannes XXIII. um des pastoralen und missionarischen Charakters willen, den das II. Vaticanum annehmen sollte, Härten in den Formulierungen vermieden wissen wollte, die in ihrem dogmatischen Charakter zwangsläufig zu Verurteilung gegenteiliger Ansichten geführt hätten. Denn das Fehlen eines „Anathema" hat gewiß jenen Kräften Auftrieb gegeben, denen die Toleranz vor dem Andersdenkenden mehr gilt, als die „reine" Lehre, zumal im Hinblick auf eine Öffnung den getrennten Brüdern und Schwestern gegenüber. Was in dieser Hinsicht zunächst als positiv angepriesen wurde, hat sich im nachhinein als offenkundige Schwäche erwiesen.

Nikolaus Lobkowicz zählt solche Folgen auf: „Die *eine* Theologie oder gar christliche Philosophie scheint es nicht mehr zu geben. Es herrscht Pluralismus, wobei man nicht übertreibt, wenn man sagt, daß es heute kaum eine aus der Kirchengeschichte bekannte Häresie gebe, die nicht in der einen oder anderen Weise innerhalb der Kirche vertreten wird. Bittet ein Gläubiger einen Theologen oder auch Pfarrer in einer Frage des Glaubens oder der Sitte um Auskunft, wird diese sehr verschieden ausfallen ..."[10] Dann führt er zwei theologische Disziplinen an, die nach seiner Meinung besonders im argen liegen: Moraltheologie und Exegese: „Beide berufen sich mehr darauf, daß sie Wissenschaften seien, als darauf, daß ihr Bezugspunkt die Offenbarung und die Tradition sei, eingebunden in die Gehorsamskultur der Kirche."[11] Von der Exegese wird wiederum die Religionspädagogik und Katechese als auch Homiletik beeinflußt. So entsteht ein Kreislauf der den Glauben zersetzenden Elemente, deren Vertreter sich gegenseitig als Bügelhalter sattelfest machen und wie ein Mann gegen jegliche Disziplinierung Front machen. Daß die

---

(10) N. Lobkowicz, a. a. O., S. 30/31

(11) N. Lobkowicz, a. a. O., S. 32

theologischen Falschmünzer heute nur noch wenig riskieren, wenn sie ihre „Blüten" unters Volk bringen wollen, zeigt sich allein an dem Umstand, daß sie im amtlichen Lehr- und Schriftverkehr ihre Thesen fast unbehelligt in das Volk Gottes einschleusen dürfen. Was in dieser Beziehung auf den Hochschulkathedern versündigt wird, läßt sich kaum auflisten.

Schon eingangs habe ich hervorgehoben, daß sich Kirchen- und Ordenskrise gegenseitig bedingen. Die Bedeutung, die Orden und ihnen gleichgestellten Gemeinschaften für die Kirche haben, veranlaßten die Konzilsväter, sich in einem eigenen Dekret „Perfectae caritatis" damit zu befassen. Im einzelnen werde ich später darauf eingehen.

Es kriselte allerdings schon vor dem Konzil in den Klöstern. Nach Kriegsende 1945 glaubte man in den religiösen Gemeinschaften durch die Restauration des Ordenslebens, wie es in Deutschland vor der Unterdrückung durch die Nazis gepflegt wurde, die alte Tradition neu zu beleben. Ich habe diese Zeit in Noviziat und Klerikat als junger Ordensmann miterlebt. Wegen der Kriegs- und Nachkriegsbelastungen wurden allenfalls bestimmte Härten wie der Nachtchor ausgesetzt. Aber die zum Teil schon älteren Novizen, an denen die Kriegsspuren noch an Vernarbungen zu erkennen waren und die teilweise im Offiziersrang aus dem Militärdienst ausschieden, wurden vom Novizenmeister dennoch genau so behandelt wie ehemalige Abiturabgänger, die mit 18 oder 19 Jahren ins Noviziat eintraten. Später im Klerikat erlebten wir das peinliche Hickhack um die Tonsur, die wir einmal ablegten, dann aber aufgrund einer Intervention traditionsverbundener Mitbrüder in Rom wieder geschnitten erhielten, obwohl von den älteren Ordensmitgliedern sie kaum noch jemand trug. Übertrieben streng wurden Kleriker und Laiennovizen von einander getrennt. Ein später immer wieder in Erinnerung gebrachtes Ereignis, daß die Wahrung der Klausur betraf, hat nicht erst unter dem

Einfluß von Erleichterungen Kopfschütteln verursacht. Ein Kleriker, der extra beauftragt war, die Einhaltung der Klausurvorschriften bei einer Profeßfeier zu überwachen, hatte einer kranken Frau eine Abkürzung gestattet, die einige Schritte über einen zur Klausur gehörenden Kreuzgang führte. Er wurde für dieses unerhörte Vergehen öffentlich getadelt. (Anm.) Gerechterweise muß daraufhingewiesen werden, daß eine derartige Aufregung nur verständlich wird, wenn man sie auf dem Hintergrund des damals geltenden Codex beurteilt, der für Klausurverletzungen in bestimmten Fällen sogar die Exkommunikation als Tatstrafe, die dem Hl. Stuhl simpliciter reserviert war, vorsah (vgl. can 2342 CIC / 1917).

Schon diese wenigen aufgeführten Beispiele zeigen, daß es im Traditionsbereich des Ordenslebens kriselte. Nur von daher ist zu verstehen, daß durch die Aufmunterung des Konzils an die Orden, ihre Lebensweise auf die Zeitangemessenheit zu überprüfen, eine Lawine des Traditionsbruches ausgelöst wurde. Mit Vorsicht geht Kardinal Ratzinger die Ursachen an: „Unter dem Ansturm der Nachkonzilszeit haben die großen Orden (und das heißt gerade die traditionellen Säulen der ständig notwendigen Reform) gewankt, sie haben arge Blutverluste hinnehmen müssen, sie haben so wenig Neueintritte wie nie zuvor erlebt, und heute scheinen sie noch immer von einer Identitätskrise geschüttelt zu sein." [12] Für viele Ordensleute, darunter nicht wenige altgediente, wurde das Konzil zu einem willkommenen Signal, jegliche Disziplin zu lockern, von der vita communis angefangen bis zu einer freischöpferischen Liturgie, von der Kleidung bis zum Umgang mit der Welt. So diente das Konzil der Rechtfertigung einer hemmungslosen Veränderungs-

---

Anm.: Eine beachtliche Wandlung hat sich im neuen Kirchenrecht vollzogen: Eine Strafbestimmung für die Verletzung der Klausur besteht nicht mehr (vgl. dazu: Rudolf Henseler, Ordensrecht, Ludgerus Verlag 1987, S. 241)

(12) Ratzinger, a. a. O., S. 55

sucht. Es traf auf eine Neuerungsbereitschaft, der der amtliche Anstoß von außen sehr gelegen kam, obwohl das nicht von allen Orden und Klostergemeinschaften in gleicher Weise gilt, mehr von apostolisch orientierten als von den kontemplativen. Jene Minderheit, die durch ihr kluges Taktieren einer offensichtlich traditionell eingestellten Konzilsmehrheit ihr Votum aufdrängte und über genügend prominente Vertreter verfügte, um sich Geltung zu verschaffen und die Formulierungen der Konzilsbeschlüsse zu beeinflussen, besaß auch in den Orden den genügenden Rückhalt, um den revolutionären Umbruch einzuleiten.

So heißt es denn auch in einer Stellungnahme von Jan Ernst in „Das Schicksal der Orden – Ende oder Neubeginn" (S. 104/105): „Der einzige Weg, der auf die Dauer Erfolg haben wird, ist der Weg des revolutionären Prozesses. Eine einmalige Revolution, die mit einem Schlag reinen Tisch macht, ist wohl kaum möglich, weil die Voraussetzungen dafür nicht vorhanden sind: es gibt keine eindeutige und massive Unterdrückung, welche kurz und relativ schmerzlos zu beseitigen wäre. Darum wird die Revolution Schritt für Schritt stattfinden müssen; dennoch sollte man diesen Weg der kleinen Schritte keine Evolution nennen, weil Evolution faktisch impliziert, daß die neuen Lebensformen sich organisch aus dem Bisherigen entwickeln … Was hier gemeint wird, wird besser mit dem Begriff ‚revolutionärer Prozeß' angedeutet."

3. Was beinhaltet der Schlüsselbegriff „accommodata renovatio" im Ordensdekret „Perfectae Caritatis"?

„Was der Zeit not tut,
ist das Unzeitgemäße."

(Reinhold Schneider)

Über die Ordensleute wird nicht nur im Konzilsdokument „Perfectae Caritatis" abgehandelt – wenn auch dieses Dekret sich ausschließlich mit dem Ordensstand beschäftigt –; „Lumen Gentium", das Lehrschreiben über die Kirche, befaßt sich in Kap. 6 mit den Ordensgelübden; andere Erklärungen mehr juristischer Art finden wir in dem Dekret über Dienst und Leben der Priester und ihre Ausbildung, wobei die Ordenspriester mit einbezogen werden.

Der Begriff „accommodata renovatio" (Anm.), der in den mir bekannten Übersetzungen mit „zeitgemäße Erneuerung" ins Deutsche übersetzt wird, sollte ursprünglich dem Dekret seinen Namen geben, was allein schon auf die zentrale Bedeutung dieses „terminus technicus" hinweist. Inhaltlich wird die „accommodata renovatio" bereits im 2. Kapitel des Dekretes behandelt. Hier der Text: „Zeitgemäße Erneuerung des Ordenslebens heißt: ständige Rückkehr zu den Quellen jedes christlichen Lebens und zum Geist des Ursprungs der einzelnen Institute, zugleich aber deren Anpassung an die veränderten Zeitverhältnisse. Diese Erneuerung ist unter

---

Anm.: Der lat. Begriff „accommodatus" muß auch im Sinne von „geeignet" interpretiert werden, was ein Korrelat zum Begriff „zeitgemäß" darstellt.

dem Antrieb des Heiligen Geistes und unter der Führung der Kirche nach folgenden Grundsätzen zu verwirklichen:

a) Letzte Norm des Ordenslebens ist die im Evangelium dargelegte Nachfolge Christi. Sie hat allen Instituten als oberste Regel zu gelten.

b) Es ist der Kirche zum Nutzen, daß die Institute ihre Eigenart und ihre besondere Aufgabe haben. Darum sind der Geist und die eigentlichen Absichten der Gründer wie auch die gesunde Überlieferung (sanae traditiones), die zusammen das Erbe jedes Institutes ausmachen, treu zu erforschen und zu bewahren.

c) Alle Institute sollen am Leben der Kirche teilnehmen und sich entsprechend ihrem besonderen Charakter deren Erneuerungsbestrebungen – auf biblischem, liturgischem, dogmatischem, pastoralem, ökumenischem, missionarischem und sozialem Gebiet – zu eigen machen und sie nach Kräften fördern.

d) Die Institute sollen dafür sorgen, daß ihre Mitglieder die Lebensverhältnisse der Menschen, die Zeitlage sowie die Erfordernisse der Kirche wirklich kennen, damit sie die heutige Welt im Licht des Glaubens richtig beurteilen und den Menschen mit lebendigem apostolischem Eifer wirksam helfen können.

e) Da das Ordensleben durch die Verpflichtung auf die evangelischen Räte vor allem anderen auf die Nachfolge Christi und die Vereinigung mit Gott abzielt, ist ernst zu bedenken, daß auch die besten Anpassungen an die Erfordernisse unserer Zeit ohne geistliche Erneuerung unwirksam bleiben; diese hat darum auch bei aller Förderung äußerer Werke immer das Wesentliche zu sein ."[13]

Das Gesamtdekret, aber gerade auch dieser 2. Abschnitt, zeigt das Dilemma, das bei der Abfassung dieses Dokumentes zutage trat: Wie wollte man der Vielfalt der religiösen Gemeinschaften mit so unterschiedlicher Spiritualität und

---

(13) LThK XIII / Vaticanum II, PC / 2, Herder 1986, S. 269–273

Zielsetzung gerecht werden, wie sie z. B. zwischen Benediktinerorden und den modernen Säkularinstituten besteht? So wählte man die Bezeichnung „Institute" als übergreifenden Begriff, das einem „man" gleichkommt, mit dem sich niemand direkt angesprochen zu fühlen braucht. Daher wohl auch jene beiden schärfsten Ablehnungen, wenn auch aus gegensätzlichen Gründen: Erzbischof (heute Kardinal) Heenan „hielt den Entwurf in seiner torsoartigen Form für so nichtssagend und enttäuchend, daß man ihn seiner Meinung nach gar nicht veröffentlichen sollte; der (1964) verstorbene Jesuitengeneral Janssen war der Ansicht, der Entwurf rede in so einseitiger Weise einem aggiornamento das Wort, daß er einer bedrohlichen Aufweichung der wesentlichen Elemente des Ordenslebens, des Gehorsams, der Armut, der Zucht und der Liebe, Vorschub leiste." [14]

Ich erinnere mich noch gut an ein Symposium Ende der sechziger Jahre von Missionaren, die sich mit diesem Dekret beschäftigen, wobei eine ziemliche Rat- und Sprachlosigkeit zutage trat. Begründen läßt sich das speziell mit der Missionssituation, die schon von den gegebenen Verhältnissen her eine Dynamik im Lebensstil erforderlich macht, mit dem man sich nicht theoretisch befaßt, ob man nun Ordensmitglied ist oder nicht.

Um nochmals zurückzukehren zu dem Begriff „zeitgemäße Erneuerung", so mag der Ausdruck zunächst sehr plausibel erscheinen, ist es aber nicht, wenn man ihn – wie man heute zu sagen pflegt – hinterfragt. Dann stellt sich heraus, daß schon dasjenige, was „zeitgemäß" sein soll, Probleme aufwirft. Heute trifft man immer wieder auf den Hinweis von der „schnellebigen Zeit". Der moderne Mensch liebt die Abwechslung und Veränderung, tut sich schwer mit allem was Bindung und Konstanz bedeutet. Was heute „in" ist, kann morgen schon überholt sein. Das was zeitgemäß ist, än-

---

(14) LThK, a. a. O. Einführung S. 260/61

dert sich also ständig mit Uhrschlag und Kalenderblatt. Deshalb findet das neuzeitliche Angebot eines „Ordensleben auf Zeit" ein so reges Echo, machen viele davon Gebrauch und fügen das „Kloster auf Zeit" in ihren Lebensplan ein. Damit schwindet aber die Gewißheit der Institute, bleibenden Ordensnachwuchs zu erhalten, selbst wenn ihm ein Mitspracherecht zur Mitgestaltung des Ordenslebens schon frühzeitig eingeräumt wird.

Auch der Konzilstext trägt der Gefahr eines Mißverständnisses von „zeitgemäßer Erneuerung" Rechnung, indem er sie als „Rückkehr zu den Quellen des christlichen Lebens und zum Geist des Ursprungs der einzelnen Institute" (PC/2) definiert, „zugleich aber deren Anpassung an die veränderten Zeitverhältnisse fordert". Die Orden sind also einem dauernden Wandel ausgesetzt, der allerdings der Absicherung durch die ständige Orientierung am Ursprünglichen und der Kontrolle durch die Kirche bedarf.

Konzilstexte von der Art des Ordensdekretes „Perfectae Caritatis" haben nicht den Rang dogmatischer Erklärungen, so daß man sie uneingeschränkt akzeptieren müßte: es wäre völlig legitim, bei erkannten Mängel sie auch der Kritik zu unterziehen. Bei allen wohlwollenden Erklärungen, wie sie von Kommentatoren bis heute vorgenommen werden, läßt sich wohl kaum leugnen, daß das Dekret vor Mißbrauch nicht genug abgesichert ist wie überhaupt so manche Konzilstexte zuviel Spielraum für unterschiedliche Interpretationen lassen. Bei gutem Willen ist zwar aus dem Kontext die wahre Willensbekundung der Konzilsväter zu erkennen. Der Artikel 2 des Ordensdekretes, in dem sich die Begriffe „accommodata renovatio" (zeitgemäße Erneuerung) und in 2b „sanae traditiones" (gesunde Überlieferungen) befinden, läßt zuviel Spielraum für Mißdeutung. Der nachkonziliare Ruf „Weg mit allem Alten" kann hier seine Wurzeln haben. So wie schon vormals das nicht gerade überzeugende „Gott will es" erklungen ist, so könnte der Slogan „Das Konzil will es" an obigen Begriffen sich entzünden. Deshalb hat wohl Papst Paul VI. in einem Motu Propio kurz nach Abschluß des Konzils „Normen zur Ausführung einiger Dekrete des II. Vaticanum" herausgegeben. Bezüglich des Dekretes „Perfectae caritatis" erhielt es den Titel „Ecclesiae Sanctae". Darin werden folgende Richtlinien aufgeführt:

Kap. 14: „Aus dem Grundgesetz der Gemeinschaften ist alles zu entfernen, ‚quae iam obsoleta sint', also was veraltet ist oder sich entsprechend zeitbedingter Geflogenheiten verändert oder nur örtlichen Gebräuchen entspricht."

Kap. 16 § 3: „Gerade um des Wohles der Kirche willen sollen die Ordensgemeinschaften nach einer echten Kenntnis ihres Geistes, dem sie ihr Entstehen verdanken, trachten; wie sie dann in der Treue zu diesem Geist über die Anpassungen entscheiden, wird das Ordensleben von fremden Elementen gereinigt und von veralteten befreit werden."

Kap. 17: „Als veraltet (obsoleta reputanda sunt) ist alles anzusehen, was nicht das Wesen und die Ziele einer Gemeinschaft ausmacht, seine Bedeutung und Kraft verloren hat und zum Ordensleben tatsächlich nichts mehr beiträgt. Bei der Beurteilung dessen, was aufzugeben ist, darf aber das Moment des Zeugnisses nicht übersehen werden, das dem Ordensstand, entsprechend seiner Aufgabe zukommt."

Kap 41: „Wenn die Aufhebung (eines Institutes) vorzunehmen ist, soll man dafür sorgen, daß es soweit wie möglich mit einem anderen, lebenskräftigeren Institut oder Kloster (monasterio), das nach Zielsetzung und Geist verwandt ist (Dekret PC Nr. 21), vereinigt wird. Vorher aber müssen die einzelnen Mitglieder gehört werden, und alles soll in Liebe geschehen."

Es muß eigentlich verwundern, daß wohl immer wieder von Korrekturen die Rede ist, die die Institute vornehmen sollen, aber kaum – wenn überhaupt – eine Aufforderung und Aufmunterung zur Pflege monastischer und apostolischer

Aufgaben, wie sie von den Ordensinstituten bisher zum Segen für die Kirche geleistet wurden, so z. B. der Ansporn an die benediktinisch orientierten Monasterien, die Pflege des lateinischen Chorals zum Segen für die Kirche zu erhalten, als auch die aktiven Orden und sonstigen Institute an ihre großartigen Leistungen im Dienst am Nächsten zu erinnern und zum Dienst an den Armen und Bedürftigen, den Kranken und Schwachen neu anzuspornen. Und wo ist der Hinweis auf die zahlreichen Seligen und Heiligen, die aus den Instituten bis in die Gegenwart hervorgegangen sind und damit zu Vorbildern geworden sind, an denen sich die Mitglieder der Ordensgemeinschaften, denen sie angehören, erbauen können? So aber hinterlassen die Konzilsdokumente, die sich mit dem Ordenswesen befassen, den Eindruck, als sei der „Weg der evangelischen Räte" voller Gerümpel, das es zu entfernen gelte, um wieder ein gesundes, vom Geiste Christi geprägtes Ordensleben entstehen zu lassen. Dabei sollte man doch nicht übersehen, daß es ein weitaus blühendes Ordensleben vor als nach dem Konzil gab, wenn auch – zugegebenerweise – manches einer Änderung bedurfte. Aber dazu wäre eine größere Behutsamkeit am Platz gewesen als sie die „Keulenschläge" durch das Konzil zu erkennen geben, die einen Dammbruch hervorriefen, der bis heute nicht eingedeicht werden konnte. Die verallgemeinernde Aufforderung, das Ordensleben von „fremden Elementen zu reinigen und von veralterten zu befreien", weckt den berechtigten Zweifel an konkreten Vorstellungen diesbezüglich.

Aber auch die Schwierigkeiten, die z. B. „Opus Dei" heutzutage erlebt, sind gewiß durch „Perfectae Cartitatis" mitverschuldet, weil die von diesem Werk geförderte Askese leicht mit Berufung auf den Konzilstext als „obsolet" abgewertet und verworfen werden kann. (Anm.)

Anm.: „Wenn einige Mitglieder des Opus Dei einer jahrhundertelangen Praxis der Kirche folgend, die körperliche Abtötung auch, doch nicht vorrangig, durch das zeitweise Tragen eines Bußbardes oder das Benutzen einer harmlosen Bußgeißel üben, so hat das nichts mit „Leibfeindlichkeit" zu tun ... (weiter auf Seite 36)

Den Maßstab des Weisen birgt folgendes Zitat:

„Nicht ‚alt' oder ‚neu' ist die Frage, sondern wahr und gut. Weil er ‚katholisch' sein muß, wird der neue Bau alle wertvollen Bauelemente in sich bergen – alte und neue – keines wird übergangen, keines verworfen, keines wird verloren gehen. Wer ein Wertelement preisgibt, verkümmert an einer Armut, die mit der evangelischen Armut nichts gemein hat. Folgen wir der Devise ‚Was gut ist, behaltet', so erhalten wir damit einen Wertmaßstab, der es uns ermöglicht, aufzubauen und nicht nur zu restaurieren oder gar zu demolieren. Wenn dieser Satz für alle Zeiten seine Gültigkeit behält, so gilt er erst recht für die gegenwärtige Zeit, in der es zweifellos viele neue Werte gibt, die wir berücksichtigen müssen. Das bedeutet natürlich nicht, die Vergangenheit – das ‚Alte' – habe der Gegenwart und der Zukunft keine Werte anzubieten."

Constantin Koser

(1967–1979 Generalminister des Franziskanerordens)

Es handelt sich vielmehr darum, auch den Leib durch solche geringe, aber frei gesuchte Erinnerungen an die Passion Christi in den Rhythmus des geistlichen Lebens – des Lebens des Gebetes – einzubeziehen ..." (aus: Dominique Le Tourneau „Das Opus Dei", Christiana Verlag, 2. Auflage 1988, S. 185–186).

Franziskus

Nachzeichnung eines Gemäldes von Benozzo Gozzoli, Montefalco,
Kirche San Francesco

Der Traum des Papstes Innozenz III.
(1198–1216)

Im Schlafe sah der mächtige Kirchenfürst den armen Bettler von Assisi, Franziskus, in einem Traumgesicht.

Er stützte mit seiner Schulter die Hofkirche des Papstes zum Heiligen Johannes im Lateran, die einzustürzen drohte.

Daraufhin gewährte der Papst Franziskus die kirchliche Anerkennung seiner Lebensweise. Er sprach: „Wahrhaftig, das ist jener heilige Ordensmann, durch den die Kirche aufgerichtet und gestützt wird. Und so umarmte er ihn und bestätigte die Regel, die er geschrieben. Und Franziskus versprach auf den Knien dem Herrn Papst voll Demut und Hingabe Gehorsam und ehrfurchtsvolle Achtung. Die anderen Brüder aber versprachen gemäß dem Befehl des Herrn Papstes in gleicher Weise dem seligen Franziskus Gehorsam und ehrfurchtsvolle Achtung." (3 Gef. 51–52)

Dieses Gehorsamsversprechen setzte Franziskus an den Anfang seiner Regel: „Bruder Franziskus verspricht Gehorsam und Ehrerbietung dem Herrn Papst Honorius und seinen rechtmäßigen Nachfolgern sowie der Römischen Kirche. Und die anderen Brüder sollen verpflichtet sein, dem Bruder Franziskus und seinen Nachfolgern zu gehorchen" (BReg 1,2). –

So entsteht eine Gehorsamsverkettung, für Franziskus Bindeglieder, die Orden und Kirche unlöslich miteinander vereinen.

„Christus ja – Kirche nein", oder auch Kirche ja – Papst nein", sind Denkschablonen, die der Haltung des Bruder Franziskus fremd – ja zuwider sind! Wer deshalb versucht, die Einheit von Christus und Kirche, Papst und Kirche zu sprengen, kann sich nicht auf Franziskus berufen. Wahrer franziskanischer Geist verlangt uneingeschränkte Treue zu Papst und Kirche!

Folgendes Gebet möge dieser Geisteshaltung dienlich sein, sie fördern und stärken:

„Herr Jesus Christus, du hast Deinen Diener, den heiligen Franziskus, dazu erwählt,
Erneuerer Deiner Kirche zu sein.
In Liebe und Gehorsam gegenüber Papst und Kirche hat er diesen Auftrag erfüllt. Hilf
auch uns, die wir in seiner Nachfolge stehen,
in Treue zu Kirche und Papst den katholischen Glauben zu leben und zu lehren. Amen.

Heilige Maria, Mutter und Urbild der Kirche,
bitte für uns!

Heiliger Josef, Schutzpatron der Kirche,
bitte für uns!

Heiliger Vater Franziskus, treuer Sohn der Kirche,
bitte für uns!"

(Dieser Text wurde einem Faltblatt entnommen, das die Bewegung „Mit Franziskus für Papst und Kirche" inspirieren soll.)

4. Ordensnachwuchs oder Nachwuchsorden

... „es gehört zum Wesen des Fortschrittes in jeder Sache, daß sie in sich selbst wächst, zum Wesen der Veränderung, daß etwas aus dem einen in ein anderes verwandelt wird."

(Vinzenz von Lérins, † vor 450)

Was auf den ersten Blick als Wortspielerei bewertet werden könnte, ist aber nicht als solche gemeint. Es handelt sich nämlich bei der Wortumstellung von Ordensnachwuchs in Nachwuchsorden um ein Phänomen, das in einer völligen Umorientierung in der Heranbildung des Ordensnachwuchses besteht, was spätestens nach dem II. Vaticanum einsetzte. Es galt nun nicht mehr so sehr jungen Menschen, die den Ordensanschluß suchten, in verbindliche Strukturen einzuführen, die bei älteren Orden bereits eine jahrhundertealte Tradition besaßen, sondern die „Erwartungen" des Nachwuchses an die Ordensgemeinschaft aufzugreifen und als Neuinterpretation des spirituellen Erbes in die weitere Ordensentwicklung einzubringen. Mitunter führten die Aufmunterungen zum Experiment und zu sogenannten Neuaufbrüchen und Maßnahmen zur Überwindung verkrusteter und unzeitgemäßer Lebensformen zu einer zügellosen Veränderungsbereitschaft. Es galt als a priori erwiesen, daß die Traditionen der Orden als unzeitgemäß zu beurteilen seien und deshalb einer dringenden Korrektur bedürften, wozu die Konzilstexte zur Erneuerung des Ordenslebens – wie bereits erläutert wurde – den entscheidenden Impuls gaben. Man ging sogar so weit, jungen Ordensleuten zu gestatten, ihre diesbezüglichen Erwartungen öffentlich im Fernsehen einem

Millionenpublikum zu verkünden. Auf eine entsprechende Frage des Moderators gaben sie zu verstehen: Unsere Aufgabe wird die Veränderung bestehender, überholter Strukturen sein! Von ihrem Ordensverbleib hat man später nichts mehr gehört, aber irgendwann wird sie die Wirklichkeit des Machbaren eingeholt haben.

Der Hinweis, die Zeit sei eine andere geworden, dient allzuleicht der Rechtfertigung jeglicher Neuerung, wobei zu wenig oder auch gar nicht geprüft wird, ob dieses „Neue" Altbewährtem ebenbürtig ist und dieses „ebenbürtig" auf den gemeinsamen Ursprung hinweist. Symptomatisch dafür ist das Erlebnis des Autors anläßlich eines Treffens deutschsprachiger Missionare und Missionarinnen auf Taiwan. Junge Ordensfrauen hatten symbolträchtige Karikaturen an die Wände geheftet, die auf dem Kopf stehende Nonnen darstellten. Darunter die provozierende Frage: Warum nicht auch mal so? Die gebührende Antwort darauf wäre: Weil man halt nicht lange auf dem Kopf stehen kann, denn zum Stehen sind nun mal die Beine vom Schöpfer geschaffen. Aber auch die Urheber der Orden – ob männlich oder weiblich – haben „Beine der Standfestigkeit" durch Regel und Satzungen erstellt, die von der Kirche anerkannt, diese auch nicht durch das letzte Konzil „auf den Kopf stellen" wollte, wenn es die Orden und Institute aufforderte, sich von der Wurzel her zu erneuern.

In diesem Zusammenhang wäre es geboten der Frage nachzugehen, welch handfestes Beweismaterial die Väter des II. Vaticanum dazu bewogen hat, den Orden eine Reform vorzuschreiben. Tatsache ist doch zunächst einmal, daß die meisten Ordensgemeinschaften vor dem II. Vaticanum zwar Nachwuchseinbußen zu verzeichnen hatten, so daß die durch den Zweiten Weltkrieg verursachten Lücken nicht ausgeglichen werden konnten, aber doch keinen so alarmierenden Schwund, der ein SOS erzwungen hätte. Ist es nicht geradezu umgekehrt, daß nämlich mit den durch das Konzil ausgelösten Reformbestrebungen in den Orden und sonstigen Instituten der Nachwuchs versiegte? Und das doch wohl auch deshalb, weil eine allgemeine Lockerung der Ordensdisziplin einsetzte, von der Kleidung angefangen bis zum Gebetsleben und den Gemeinschaftsverpflichtungen überhaupt.

Da wurden dem Nachwuchs Konzessionen eingeräumt, von denen ältere Mitglieder nicht einmal zu träumen wagten, wie das zeitweilige Wohnen in einer Wohngemeinschaft, die Erteilung von Sondergenehmigungen vielfältiger Art schon während der Noviziatszeit. Wenn aber schon von der allgemeinen Erziehung die aus der Erfahrung gewonnene Erkenntnis gilt, daß Verwöhnung im elterlichen Haus, wobei Kindern möglichst alle Wünsche erfüllt werden, ihnen eine für das spätere Leben sich nachteilig auf die Lebenstüchtigkeit auswirkende Hypothek aufgebürdet wird, so ist doch wohl der Schluß berechtigt, daß verwöhnter Ordensnachwuchs nicht minder gefährdet ist, wenn die Ordensgelübde ein Nein zur Versprechensbewahrung einmal fordern sollten und das zumal bezüglich der Ehelosigkeit. Leider wird heutzutage die unvernünftige, Pietät, Gerechtigkeit und Liebe verletzende Härte von damals in das ebenso unvernünftige Gegenteil der Verweichlichung verkehrt. Dieser Tendenz muß man das Wort Johannes Paul II. entgegenhalten: Ihr müßt die Jugend mehr fordern!

Solche Nachgiebigkeit findet ihre Begründung in der Labilität, die der heutigen Jugend nachgesagt wird. Verhaltensforscher sprechen vom narzißtischen Jugendlichen, dessen Fähigkeit zum sozialen und verantwortlichem Verhalten unterentwickelt sei.[15]

G. Heinelt gibt dafür drei von ihm als wesentlich bezeichnete Ursachen an: Abbau der Vaterfigur, die Dominanz der

---

(15) Dazu die Ausführungen vor Gottfried Heinelt, Einführung in die Psychologie des Jugendalters, Herder 1982, S. 69 f.

Mutterfigur und die Auswirkungen des Konsumangebotes. Folgen für das Kind: „Leistungsforderungen und die Durchsetzung strenger Normen unterbleiben."[16] Zur dominierenden Mutter entwickelt das Kind ein symbiotisches Verhältnis: „Während die Mutter bemüht ist, das Kind möglichst intensiv an sich zu binden entwickelt das Kind Trennungsängste." Und zum Konsumverhalten: „ ... sie (die Kinder, Verf.) lernen nicht, auf die Befriedigung von Bedürfnissen zu verzichten oder sie aufzuschieben."

In sieben Punkten faßt der Psychologe Heinelt seine Forschungsergebnisse zusammen:
1. Der narzißtisch geprägte Jugendliche „läßt die Fähigkeit vermissen, ... Bindungen aufzubauen ...".
2. „Das Gewissen als die Richtschnur des sozialen Handelns scheint verkümmert zu sein ... Das Verhalten wird davon bestimmt, was gefällt, nützt und Spaß macht."
3. „Das narzißtisch geprägte Ich ist auf der Suche nach Aufwertung der eigenen Person."
4. „Omnipotenzvorstellungen wechseln mit Zuständen tiefer Frustration."
5. „Für Lern- und Arbeitssituationen entwickelt der narzißtische Jugendliche nur ein geringes Interesse. Die Motivationskrise äußert sich in der Redewendung: ,Ich hab keinen Bock drauf'."
6. „Die kreativen Kräfte sind schwach entwickelt oder verkümmert."
7. „Das Kernproblem dieses Jugendlichen läßt sich zu der Frage zusammenfassen: ,Was ist vom Leben eigentlich noch zu erwarten?'"[17]

Defizite der aufgezeigten Art lassen sich wohl kaum in dieser kompakten Form auf alle Jugendlichen übertragen, und gewiß nicht auf solche, für die der Gedanke an den

---

(16) G. Heinelt, a. a. O., S. 70

(17) G. Heinelt, a. a. O., S. 71 / 72

Ordenseintritt noch als Lebensziel Bedeutung hat. Allerdings liefern sowohl die Konvikte für die Priesterausbildung als auch Bildungseinrichtungen der Orden genügend Hinweise darauf, daß es heutzutage eine mimosenhafte Empfindlichkeit in der jüngeren Generation gibt, die sie bei jedem kleinen Tadel „einknicken" läßt. Aber auch das kann man nicht verallgemeinern: Dem Negativkatalog stehen wohl auch positive Eigenschaften gegenüber, deren Entwicklungsfähigkeit noch zu wenig erkannt wurde, vor allem aber blockiert wird durch das innerklösterliche Gerangel widersprüchlicher Meinungen und divergierender Grundhaltungen in Fragen der Disziplin und kirchlichen Einstellung. Die Demagogie des schlechten Beispiels ist wohl das zerstörerischste Element, das einer leicht verletzlichen Jugend den letzten Rest von Wagemut zur Gelübdeablegung nehmen kann. Hinzu kommen Fehlversprechungen, die vielleicht gut gemeint sind, doch schon bald an der rauhen Realität des klösterlichen Lebens zerbrechen und dann den Frust verstärken. Als ich mich von einer Ordensschwester, die gerade eine Gruppe Jugendlicher in den Ordenskontakt einführte, mit den Worten „Wir wollen weiter kämpfen" verabschiedete, erwiderte sie emphatisch: „Aber nein, Pater, wir wollen uns freuen!" Ich habe mir danach Gedanken gemacht, wie mehr glaubwürdiger das Ordensleben auf solche Weise einer im Grunde von Zweifeln gepeinigten Jugend erscheinen und schmackhaft gemacht werden kann, oder die Aufforderung zum „keep-smiling" nicht doch eher das Gegenteil erreicht. Gewiß sollte man niemanden verängstigen, indem man das Ordensleben in ein Schlachtfeld verwandelt, aber man sollte doch auch bei der Wahrheit bleiben, wie sie Jesus seinen Jüngern gegenüber praktiziert hat, als er sie in seine Gefolgschaft einlud (vgl. Mt 8,20). Denn Ordensleben hat nun einmal mit Kreuzesnachfolge zu tun!

Eine gewisse Askese, das Einüben in den Verzicht, ist unentbehrlich, weil ordensspezifisch; es hängt unlöslich mit jenen Forderungen zusammen, die sich aus den Gelübden des

Gehorsams, der Armut und Ehelosigkeit ergeben. Die Erfahrung mit ungewöhnlich zahlreichen Frühaustritten sollte es hinreichend bestätigt haben, daß Krisenbewältigung im Ordensleben nur möglich ist, wenn erprobte Standfestigkeit beim Verzichtenmüssen oder auch bei gefordertem Gehorsam eine gewisse Abhärtung gegen den ungezügelten Egoismus bewirkt und damit die Willenskraft zum Durchhalten gestärkt haben. Eine berufsgefährdende Rolle kann auch die Enttäuschung über neuere Formen der Disziplin und des Umgangs miteinander als auch willkürliche Liturgiegestaltung sein, die wegen ihres abnormen Charakters als Ärgernis empfunden werden.

Eine Gehorsamsforderung, die nicht als willkürlich, sinnlos oder ungerecht empfunden wird, kann niemals schädlich sein, ganz im Gegenteil, sie schafft die Voraussetzung für die erhoffte Beständigkeit nach Ablegung der Gelübde, ob zeitlich oder ewig. Selbstverständlich ist das nicht schon alles, was als Vorbedingung für guten Nachwuchs zu gelten hat. Es gibt eine ganze Menge von Momenten, die bei der Heranbildung von Ordens- und Priesternachwuchs zu beachten sind, und die heute leider häufig sträflich vernachlässigt werden. Dazu gehört die sorgfältige Auswahl der Kandidaten genauso wie ein gründlicher Glaubenstest, der bei Unterschreitung einer Mindestanforderung das Nachholen der Glaubensunterweisung zwingend macht. Mit Recht bemerkt Thaddäus Matura: „Man darf sich auf ein Leben im Orden nicht verpflichten, wenn der Glaube nicht so solide ist, daß der eine dauerhafte Struktur schaffen und tragen kann. Früher haben wir einen so soliden Glauben allzu leicht vorausgesetzt. Wir dachten, sobald jemand einem Orden beitreten wolle, habe er diesen Glauben und man brauche die Kandidaten nur noch mit den besonderen Anforderungen des Ordenslebens vertraut zu machen. Aber in Wirklichkeit hat sich oft erwiesen, daß der Eintritt auch und sogar sehr durch soziologische und psychologische Überlegungen motiviert war, die mit dem Glauben wenig zu tun hatten. Heute aber wird immer klarer ..., daß die Glaubensbasis schon sehr fest sein muß, soll der Ordenseintritt einen Sinn haben. Ist sie nicht fest genug, fällt alles sehr schnell auseinander." [18] Die Konsequenz ist klar: Bei mangendem Glauben, ob kognitiv oder affektiv, dürfte es keine Ordensaufnahme mit Gelübdezulassung geben. Doch das allein genügt nicht: Wegen der weit verbreiteten Glaubensverzerrungen und Unterweisungsdefizite in der Verkündigung und Katechese, wird auch bei den Kandidaten zu überprüfen sein, ob das Glaubenswissen mit der katholischen Lehre übereinstimmt. Leider muß festgestellt werden, daß trotz der vielfach anerzogenen Glaubenslabilität auf unglaubliche Weise durch destruktives Verhalten jener, die eigentlich eine Leitbildfunktion ausüben sollten, aus Resentiment gegen Orden und Kirche Negativbeeinflussung auf den Kandidaten stattfindet, die sich auch darin zeigt, daß ihm Schrifttum zugänglich gemacht wird, das offensichtlich kirchenkritischen Charakter hat wie „Publik Forum", „Impressum", „Orientierung" u. a., ohne daß es zumindet ein ausgleichendes kirchenfreundliches Presseangebot gibt.

Jugendliche, die, aus einem entchristlichten, oder anders gesagt nachchristlichen Familien- und Gesellschaftsmilieu kommend, den selten gewordenen und damit ungewöhnlichen Weg in den Orden nehmen, sollte man beim Schadstoffentzug helfen und nicht einer neuen geistigen und geistlichen Schadstoffbelastung aussetzen. Wenn aber eine Ordensgemeinschaft glaubt, der Kirche ein neues Protestpotential verschaffen zu müssen, so muß sie sich sagen lassen, daß sie sich damit als überflüssig präsentiert. Als franziskanische Berufung hätte sie ihr Ziel verfehlt, denn Franziskus erhielt nicht den Auftrag: Reiße meine Kirche ab!, sondern ganz im Gegenteil: Repariere sie! Bau sie wieder auf!

---

(18) Thaddäus Matura, OFM, Die Orden am Scheideweg, Dietrich-Coelde-Verlag 1982, S. 134 / 135

Ordensnachwuchs wird nur dann nicht zum riskanten Nachwuchsorden, wenn der Orden sich in klarer Ausrichtung darstellt. Stellt er sich selbst in Frage durch den permanenten Zweifel über Weg und Zielrichtung, provoziert er sozusagen den Nachwuchsorden, der sich schließlich nicht mehr steuern läßt, sondern im endgültigen Zerfall enden wird.

Zum Thema Ordensstruktur hat die Benediktinerin Corona Bamberg sehr Bemerkenswertes in ihrem Büchlein „Lernprozeß Ordensgemeinschaft" geschrieben: „Wenn Orden, dann glaubwürdiges Gemeinschaftsleben; worunter man versteht: nicht ‚kasernierte Einsiedler' (K. Rahner), auch nicht bloß zweckdienliche, gemeinnützige Organisation, noch die auf sich selbst bezogene, fromm-introvertierte Schar. Sondern gelebte Brüderlichkeit, wechselseitig sich bereichernd und zugleich ausstrahlend, Gemeinsamkeit, die spontan so genannt wird, weil sie diesen Namen verdient … Wo solchen … Ansprüchen nicht genügt wird, zögert man nicht lange, den Orden Sinn und Daseinsberechtigung abzusprechen." [19] Sie führt dann die Begriffe von „vorgegebener" und „aufgegebener" Gemeinschaft ins Feld und meint: „Vor nicht allzu langer Zeit wäre man erstaunt gewesen über die Frage: Wie kann heute Gemeinschaft *werden*? Gemeinschaft *war*, und sie war das erste. Wer in einen Orden eintrat, nahm sie so hin, wie er sie vorfand." [20] – Orden werden in einer Zeit, in der „Selbstbestimmung", „Gleichberechtigung" und „Selbstverwirklichung" groß herausgestrichen werden, ihren Nachwuchs nicht mehr infantilistisch erziehen können; denn fühlt der junge Mensch von heute sich nicht ernstgenommen, wird er wie schon dem Elternhaus auch bald dem Kloster den Rücken zukehren. Das mitgestaltende Element darf nicht fehlen; es ergibt sich aus der persönlichen Berufung jedes einzelnen, die die Gemeinschaft akzeptieren muß als neu hinzu-

---

(19) Corona Bamberg, Lernprozeß Ordensgemeinschaft, Kyrios-Verlag 1973, S. 6

(20) C. Bamberg, ebd. S. 7

kommender Bestandteil des göttlichen Auftrags. Klösterliche Gemeinschaft ist also nur auf Dauer existenzfähig, wenn sie das Spannungsverhältnis von Überlieferung und Veränderung, von Fixierung und Wandel aufrechterhält und nicht aus dem Gleichgewicht bringt. Denn Dynamik und Flexibilität sind Zeichen von Vitalität, die Altes mit Neuem verbindet. „Wo nur solche Typen (gemeint sind die Beharrenden, Verf.) in einer Kommunität wären, käme es nie zu einem Wandel, würde alles stagnieren; wo sie ganz fehlen, würde allerdings die heilsame Bremse fehlen, fiele die Nötigung fort, das gute und weniger gute Neue zu unterscheiden. Das Ende wäre in diesem Fall die Selbstauflösung. Denn das Bedürfnis einer Gruppe nach ablesbarer und erkennbarer Identität, das hinter jeder Art von Fixierung steht, ist legitim. Man muß wissen, wer man ist und was man soll, wenn man auf die Dauer zusammenbleiben will."[21]

---

(21) C. Bamberg, ebd. S. 24–25

5. Die neue Sprache der Reform-Architekten

Es gibt zwei Arten von Sprachstilen, die sich als moderne Kommunikationsmittel verstehen und präsentieren: das ist 1. der flotte, sensationell aufgemachte Journalistenstil, dem es auf knappe aber stich- und hiebfeste Formulierungen ankommt, und 2. die aestetisch klangvolle Sprache, die durch die Schönheit und Buntheit des Sprachstils imponiert. In beiden Stilarten kommt es nicht so sehr auf die Darstellung objektiver Tatbestände an, als vielmehr auf das sogenannte „ankommen wollen". Für ein Thema wie die Orden bedarf es nicht einer traumhaften Phantasie als vielmehr der nüchternen und realistischen Darstellung, die sich am Leben der Kirche orientiert, und mit den Füßen auf dem Boden der Wirklichkeit den Weg nach vorne weist.

Wir begegnen in der theologischen Literatur mitunter einer gestelzten Sprache, die, obwohl sie weit auszuholen vermag, nicht im entferntesten jene gediegene gedankliche Gangart erreicht, wie sie uns bei hervorragenden Theologen unseres ausgehenden Jahrhunderts begegnet, die durch ihr überlegtes und damit auch überlegenes Wissen auf dem von Ihnen beackerten Gebiet der Theologie überzeugen.

In seiner fragenden (Zeit der Orden?) aber mehr noch fragwürdigen Schrift über Orden und Ordensreform, die Johann Baptist Metz bei der Jahreshauptversammlung der Vereinigung der Deutschen Ordensobern (VDO) 1976 in Würzburg zunächst als Vorträge gehalten hat, sucht man vergeblich nach einschlägigen Konzilstexten, aber auch nach Begriffen wie Sünde, Buße und Umkehr.[22]

Der Ausgangsposition von Metz, wie er sie im Vorwort besagter Schrift (S. 5) darlegt, nämlich, daß die Ordenschristen berufen sind, Nachfolge Christi exemplarisch und in besonderer Radikalität vorzuleben, kann man die Zustimmung nicht verweigern. So lehrt denn auch das Konzil: „Die Ordensleute sollen sorgfältig darauf achten, daß durch sie die Kirche wirklich von Tag zu Tag mehr den Gläubigen wie den Ungläubigen Christus sichtbar mache, wie er auf dem Berg in der Beschauung weilt oder wie er den Scharen das Reich Gottes verkündigt oder wie er die Kranken und Schwachen heilt und die Sünder zum Guten bekehrt oder wie er die Kinder segnet und allen Wohltaten erweist, immer aber dem Willen des Vaters gehorsam ist, der ihn gesandt hat." (LG 46) Bei den weiteren Ausführungen von Metz aber stößt man auf viele bedenkliche Formulierungen, die um so verwirrender sind, als die neue Begrifflichkeit kaum erklärt und ihre Relevanz zum Ordensleben überzeugend dargelegt wird.

---

(22) Johann Baptist Metz, Zeit der Orden? Zur Mystik und Politik der Nachfolge, Herder 1977, 3. Aufl.

Verharren wir zunächst bei der innovativen Sprache des Autors: Er spricht von „produktiven Vorbildern" (S. 10), „Schocktherapie des Hl. Geistes für die Großkirchen" (ebd.). Orden als gegen eine „triumphierende Kirche" gerichtet, „emphatische Träger der memoria passionis", nennt den „lebendigen Antagonismus zwischen Orden und Großkirchen" eine notwendige „fruchtbare" Spannung und bedauert die „Mitte", in der die Orden inzwischen gerückt seien. Orden und Kirche werden bei dieser Begrifflichkeit nicht als integrierte Bestandteile am Leibe Christi erklärt, der sich in der Vielfalt seiner Glieder eben auch als gegliedertes Berufungsgebilde versteht, sondern als divergierende Konkurrenz, wobei die Orden als *Zuchtmeister* der übrigen Kirche zu verstehen sind. Eine solche Einstufung und Aufgabenzuweisung geht völlig an der Realität vorbei, die darin besteht, daß alle Mitglieder der Kirche, ob nun Ordensleute oder auch nicht, der Kirche entweder nutzen oder auch schaden, je nach ihrer Lebensweise. Sowohl das destruktive Beispiel eines Ordensmitgliedes als auch das ehebrecherische Verhältnis eines Verheirateten schwächen die Kirche in ihrer apostolischen und missionarischen Kraft. Wie die Ordensgemeinschaften selbst an ihrer Regenerierung ständig arbeiten müssen und damit ihren Anteil an der Regenerierung der Gesamtkirche leisten, so leben die Orden umgekehrt vom religiösen Eifer der Gesamtkirche, der, läßt er nach, sehr wohl einen negativen Einfluß auf das äußere und innere Wachstum der Orden ausüben kann. Außerdem nehmen sich die Orden nicht einfach ihre Existenzberechtigung, sondern sie wird ihnen von der Kirche verliehen oder auch zurückgenommen, wobei diese darauf achtet, daß die Orden die kraft der Regel gegebene und aufgetragene Zielsetzung beibehalten. Nicht die Orden als solche sind das Korrektiv für die Kirche, sondern allein die Kirche ist in ihrer Lehr- und Leitungsvollmacht auch Korrektiv für die Orden.

Wird dieses Ordnungsschema ignoriert oder gar verworfen, ist dem Subjektivismus Tür und Tor geöffnet, dann versteigert sich der Reformeifer leicht ins Umstürzlerische, was Auflösungserscheinungen bewirkt. Und wenn Mystik und Politik im Sinne des ora et labora (bete und arbeite) verstanden werden, behält diese eigenartige Zusammenstellung ihren Sinn als Nachfolge Christi, nicht aber in Verbindung zur „politischen Theologie", die die christliche Botschaft unter den Bedingungen der „nachbürgerlichen" Gesellschaft angesichts ihres sozialen und politischen Strukturwandels neu zu formulieren sucht und sich damit ins Fahrwasser einer „Theologie der Revolution" begibt.[23]

„Die Radikalität der Nachfolge", sagt Metz, „ist mystisch und politisch zugleich. Gewiß, hier ist ‚politisch' – und dies mit Absicht – in einem umfassenderen Sinn gebraucht: als Kennzeichen dafür, daß Mystik der Nachfolge nie situationsfrei ist, daß sie sich selbst nie in einer gesellschaftlichen Schicksalslosigkeit oder politischen Situationslosigkeit vollzieht." [24]

Eine begrüßenswerte Ausnahme bildet in dieser Klarstellung die Begriffsausweitung von dem, was wir im Zusammenhang des Gesagten unter „politisch" zu verstehen haben, leider nur hier, muß man hinzufügen, denn andere Schlüsselbegriffe wie „Großkirche" sind ungeklärt in den Raum gestellt und werden der Mutmaßung und Unterstellung ausgeliefert. Was heißt denn „Großkirche"? Ist dies eine andere Wortwahl für „Kirche von oben", der man die „Kirche von unten" als Idealkirche entgegenstellen möchte? Dasselbst gilt abgeschwächt von „Bischofskirche" und „Service-Kirche", Begriffe, die im Zusammenhang mit der Charakterisierung kirchlicher Verhältnisse in Deutschland bei Metz vorkommen. So schreibt er: „Wer schließlich hilft verhindern, daß unsere deutsche Kirche immer mehr in zwei

---

(23) vgl. F. Hauck / G. Schwinge, Theologisches Fach- und Fremdwörterbuch, 6. Aufl. 1987, Vanderhoeck & Ruprecht, Göttingen

(24) J. B. Metz, a. a. O., S. 45

Teile zerfällt: in eine Service-Kirche für bürgerliche Lebens-
feiern und in eine Kirche, die – womöglich noch unter
Berufung auf das Wort von der ‚kleinen Herde' – immer mehr
zur gesellschaftlichen Sekte wird, mit Symptomen der
Berührungsangst gegenüber allem Fremden und Unbegrif-
fenen, mit Syndromen der Überängstigung überhaupt, mit
komplizierten Absicherungsmechanismen, mit ausschließ-
licher Binnenkommunikation, mit Anzeichen von Über-
loyalität und Zelotentum?" [25]

Es ist die „Stärke" der neuzeitlichen Theologen, ihren
neuartigen Sprachschatz glänzend und imponierend einzu-
setzen, ohne allerdings ihre sprachlichen Neuschöpfungen
hinreichend zu erklären so daß die Pauschalität der Aussage
keinen Schritt weiterführt. Fehlt es hierbei an Ehrlichkeit und
intellektueller Redlichkeit? Oder gefällt man sich einfach so
im Wortbad oder beim Schwingen der Schlagwortkeule?
(Anm.) – Es dürfte doch wohl jedem auch nur Halbeinge-
weihtem klar sein, daß die sogenannte negativ besetzte
„Amtskirche" unermüdlich zu aktuellen Zeitfragen Stellung
bezieht, die jedenfalls jedem Theologen zugänglich sind, und
daß sie gerade wegen ihrer herausfordernden klaren
Stellungnahmen zum Zeitgeschehen und die Öffentlichkeit
bewegender sittlicher Fragen den Angriffen ihrer Feinde per-
manent ausgesetzt ist. Wer da von „Berührungsangst" und
„Überängstigung" spricht, bleibt den Beweis schuldig, oder
aber es spricht daraus der Wunsch von der „anderen" Kirche,
die dann natürlich auch „anders" orientierte Ordensgemeinschaften braucht. Um dieses Ziel zu erreichen, bedarf es folglich einer Neuinterpretation der Nachfolge Jesu.

Gerechterweise muß berücksichtigt werden, daß auch
Metz legitime Bereiche im Nachfolgevollzug anspricht, darunter solche, die der Ergänzung und Korrektur bedürfen.

---

(25) J. B. Metz, a. a. O., S. 15

Anm.: Man könnte auch von einer Demagogie der Wortvergiftung sprechen.

Aber nicht erst heute gibt es Ordensmänner und Ordensfrauen, deren Engagement über das Übliche weit hinausgeht, nicht wenige darunter, die unter Lebenseinsatz den Menschen gedient und zum politischen Wandel beitrugen. Die Großzahl heiliger Ordensleute beweist den Heroismus, zu dem die *wahre* Nachfolge Christi befähigt. Und so lange die Orden Heilige hervorbringen, kann ihre Zeit nicht abgelaufen sein: Die Heiligen sind die stets zeitgemäße Antwort auf die Existenzberechtigung der Orden und zugleich die wahren Träger ihrer Reformbestrebungen. Daß Metz sie mit keinem Wort erwähnt, und stattdessen den Orden die „ars moriendi" als eine neu einzuübende Tugend empfiehlt, ist ein beredtes Zeichen für die bedenkliche Lücke im Erinnerungsvermögen des Kirchenkritikers: „Es müßte in unseren Orden so etwas wie eine ‚ars moriendi' geben, und dies nicht etwa als Ausdruck der Resignation, sondern als lebendiges Zeichen des Geistes selbst, der mit den ‚Losigkeiten' der evangelischen Räte und sozusagen als Bedingung ihrer Möglichkeit das Loslassen-Können lehrt. Es geht um die ‚Kunst', aufhören und sterben zu können, nicht nur individuell, sondern gleichsam kollektiv, als Gründung." [26]

Metz plädiert also für den „Selbstmord" der Orden, was er im folgenden Text noch unterstreicht, wenn er den Unterschied zwischen „sterben" und „aussterben" macht. Es ist schon eine ziemliche Zumutung, den Orden diesen Weg aus ihren Schwierigkeiten anzupreisen. Denn auch bei Ordensgemeinschaften, die vom Aussterben bedroht sind, bleibt die Nachfolge des letzten überlebenden Gliedes eine sinnvolle Lebensaufgabe im Dienst an der Kirche. Und was als „ars" bezeichnet wird, ist im ordensspezifischen Sprachgebrauch die „via crucis" als „compassio" mit Christus, dem Gekreuzigten, die als Gnadengeschenk das Wesen des Ordenslebens ausmacht. Und wie der Anfang des Ordenslebens nicht in die Hände des Menschen gelegt ist, sondern einer unverdienten

---

(26) J. P. Metz, a. a. O., S. 19–20

Berufung sich verdankt, so bestimmt er auch nicht das Ende seiner Sendung sowohl individuell als auch kollektiv. Weder Kirche noch Orden sind machbar!

Was die Auflösung von klösterlichen Einrichtungen angeht, hat das Konzil folgendes verfügt (PC Nr. 21): „Instituten und Klöstern, die nach Rücksprache mit den zuständigen Ortsordinarien und nach dem Urteil des Heiligen Stuhles kein fruchtbares Wirken mehr erhoffen lassen, soll die weitere Aufnahme von Novizen verwehrt werden; soweit möglich, sind sie mit einem anderen, lebenskräftigerem Institut oder Kloster, das Ihnen nach Zielsetzung und Geist nahesteht, zu vereinigen." In den Ausführungsbestimmungen Paul VI. wird zusätzlich verfügt: „Vorher aber müssen die einzelnen Mitglieder gehört werden, und alles soll in Liebe geschehen." [27]

Die nüchterne Sprache der Kirche verhindert die Sprachverwirrung der Architekten des vermeintlich Neuen, das das Alte ablösen soll. Sie garantiert vor allem Kontinuierlichkeit im Sendungsbewußtsein ihrer Glieder und Gemeinschaften, deren Rückführung zur allen gemeinsamen Quelle, die Christus selber ist, durch den und mit dem und in dem jegliche Erneuerung ihren Urgrund hat. Das aber scheint Metz fernzuliegen, was auch Streithofen in seinem Buch bestätigt: „Die Begriffsbestimmung von Metz läßt auch eine Auslegung zu, die die Orden zu einer Avantgarde der Revolution macht, ähnlich wie bei den mittelalterlichen Schwarmgeistern oder der Politischen Theologie." [28]

Bei Streithofen begegnen wir allerdings einer anfechtbaren Auffassung in seinem Geschichtsbild der Orden. Von kosmischen Abläufen ableitend, meint er: „Im Rhythmus der Natur wechseln Tag und Nacht, die Jahreszeiten kommen und lösen

---

(27) ES, Nr. 41

(28) B. Streithofen, a. a. O., S. 114

sich ab. So ist es auch mit den Orden. Sie werden gegründet, blühen auf, erstarren und vergehen oder leben bedeutungslos vor sich hin als Museen der Kirchengeschichte." [29]

Der Lebensprozeß der Orden ist m. E. eher im Bild des Baumes faßbar, der im Leben der Kirche fest verwurzelt als Stamm zu allen Zeiten erhalten bleibt; es sind nur die Zweige, die absterben können; doch für die sterbenden wachsen neue nach und bewirken so den Fortbestand des Ordenslebens, wenn auch in anderer und veränderter Gestalt. Auch müssen wir feststellen, daß alte Orden wie Benediktiner und Kartäuser als auch Frauenorden wie Klarissen und Karmeliterinnen wohl Reformen durchgemacht haben, aber doch bis heute überlebten, so daß auf sie auf keinen Fall das Jahreszeitenschema paßt (vgl. dazu LG, Kap. 6, Nr. 43).

Beim Umgang mit der Sprache gerade im religiösen Bereich ist große Behutsamkeit erforderlich. Unverzichtbare und unveränderliche Inhalte dürfen nicht durch ein noch so wohlklingendes neues Sprachgewand verfälscht werden. Immer muß gelten: Neuformulierungen sind dem zu Bewahrenden anzupassen und nicht umgekehrt; das alte Erbe soll transparenter und damit dem modernen Menschen zugänglicher gemacht werden.

Unsere beständige Aufgabe im Ordensstand kann nur lauten: spezifische Begriffe wie Nachfolge Jesu, Frömmigkeitsleben, Askese und viele andere gründlich neu zu überdenken, doch mehr dadurch, daß wir sie leben anstatt darüber zu reden.

---

(29) ebd., S. 18

6. Die evangelischen Räte als Ordensspezificum

„Die Ordensprofeß ist – auf der sakramenta-
len Grundlage der Taufe, in der sie wurzelt –
ein neues ‚Begrabenwerden im Tode Christi':
neu, weil aus Liebe und Berufung; neu, weil
gelebt in ständiger Bereitschaft zur ‚Um-
kehr'. Ein solches ‚Begrabenwerden' bedeu-
tet, daß der Mensch, der ‚zusammen mit
Christus begraben' ist, ‚mit Christus als neu-
er Mensch leben' soll. In Christus, dem
Gekreuzigten, finden sowohl die Taufweihe
als auch die Profeß der evangelischen Räte,
die nach den Worten des Zweiten Vati-
kanischen Konzils ‚eine besondere Weihe'
darstellt, ihr letztes Fundament. Diese Weihe
ist zugleich Tod und Befreiung. Der heilige
Paulus schreibt: Begreift euch als ‚Menschen,
die für die Sünde tot sind'; zugleich aber
nennt er diesen Tod eine ‚Befreiung von der
Sklaverei der Sünde'. Vor allem jedoch stellt
die Ordensweihe, auf der sakramentalen
Grundlage der heiligen Taufe, ein neues
Leben ‚für Gott in Christus dar'."

Johannes Paul II.

Herz oder auch Kern eines gottgeweihten Lebens im Ordensstand sind die evangelischen Räte. Von diesen erklärt das Konzil: „Die evangelischen Räte der Gott geweihten Keuschheit, der Armut und des Gehorsams sind, in Wort und Beispiel des Herrn begründet und von den Aposteln und den Vätern wie auch den Lehrern und Hirten der Kirche empfohlen, eine göttliche Gabe ... So sind wie aus einem Baum, der aus einem von Gott gegebenen Keim wunderbar und vielfältig auf dem Ackerfeld des Herrn Zweige treibt, verschiedene Formen des eremitischen und gemeinschaftlichen Lebens und verschiedene Gemeinschaften gewachsen." [(30)]

Dieser Text fand in Can 575 des neuen kirchlichen Gesetzbuches seinen Niederschlag, wo der Anfangstext fast wörtlich übernommen wurde. Deutlich stellt der folgende Can 576 die Autorität der Kirche über Auslegung und Anwendung der evangelischen Räte heraus. [(31)] Die Stellung des Ordensstandes im hierarchischen Gefüge der Kirche bringt der Konzilstext mit folgenden Worten zum Ausdruck: „Ein derartiger Stand ist, in bezug auf die göttliche, hierarchische Verfassung der Kirche, kein Zwischenstand zwischen dem der Kleriker und dem der Laien. Vielmehr werden die beiden Gruppen Christgläubige von Gott gerufen, im Leben der Kirche sich einer besonderen Gabe zu erfreuen und, jeder in seine Weise, ihrer Heilssendung zu nützen." [(32)]

Die Art der Bindung an ein Leben im Rätestand geschieht „durch Gelübde oder andere heilige Bindungen, die jeweils in ihrer Eigenart den Gelübden ähnlich sind." [(33)] In Can 603 erkennt die Kirche „neben den Instituten des geweihten Lebens in Gemeinschaft, auch die Form des eremitischen oder anachoretischen Lebensstils des Einsiedlers wieder an, und da-

---

(30) LG, Nr. 43

(31) vgl. Rudolf Henseler, Ordensrecht, Ludgerus-Verlag 1987, S. 45

(32) LG, Nr. 43

(33) LG, Nr. 44

mit die älteste Form des gottgeweihten Lebens. Sie kehrt also selbst zur Urquelle des Ordensstandes zurück und verschafft ihr neue Geltung.

Can 573 definiert die „vita consecrata", das geweihte Leben, als auf Dauer angelegt, unter Führung des Hl. Geistes in der besonders engen Nachfolge Christi bestehend. Es dient der Verherrlichung Gottes und dem Aufbau der Kirche, dient aber auch zur Erlangung persönlicher vollkommener Liebe.

Die sogenannten „vincula sacra" (heilige Bindungen) beziehen sich auf das „in der Welt leben" der Säkularinstitute. Eine zusammenfassende Erklärung der in Can 573 auftauchenden Grundbegriffe bezüglich der Gelübdeablegung gibt Henseler in seinem „Ordensrecht": „Profeß-Gelübde – andere heilige Bindungen. Der Oberbegriff ist Profeß. Das Wort kommt vom lat. professio (Bekenntnis) und profiteri (sich bekennen zu), hier also: sich bekennen zu einem Leben nach den evangelischen Räten. Die Form wie dies geschieht, kann sehr verschieden sein: Eid, Versprechen, zeitliche oder ewige Gelübde, einfache oder feierliche Gelübde (wenngleich letztere Unterscheidung im neuen Ordensrecht nicht mehr auftaucht)." [34]

In einer weiteren Aufstellung vermittelt Henseler einen Überblick der im neuen Ordensrecht verankerten Formen des geweihten Lebens:

A. FORMEN DES GEWEIHTEN LEBENS

I.   Institute des geweihten Lebens
   1. Die Religioseninstitute
      (Orden und Kongregationen)

   2. Die Säkularinstitute

II.   Die Gesellschaften des apostolischen Lebens
      mit Profeß gemäß Can 731 § 2

---

(34) R. Henseler, Ordensrecht, S. 37

III. Das eremitische oder anachoretische Leben

IV: Der Stand der Jungfrauen

V. Neue vom Hl. Stuhl zu approbierende Formen des geweihten Lebens

B. DIE GESELLSCHAFTEN DES APOSTOLISCHEN LEBENS *ohne* Profeß gemäß Can 731 § 1 [35]

Zu III. und IV. sei bemerkt, daß der diesbezügliche Canon 603 § 1 als wesentliche Merkmale für das eremitsche Leben „strengere Trennung von der Welt, Schweigen und Einsamkeit und ständiges Beten und Büßen" herausstellt, was über die Mischform der Kartäuser von eremitischem und zönobitischem Lebensstil hinausreicht. Bisher galt die zönobitische Lebensform als Weiterentwicklung eremitschen Lebens und wurde auch in der Wertung als christliches Ideal besser benotet. Aufgrund des neuen Ordensrechtes erscheint die eremitische Lebensform als gleichberechtigt neben allen anderen.

Was Eremiten oder Anachoreten mit Koinobiten (Klostergemeinschaften) und Säkularinstituten verbindet, ist das Leben nach den evangelischen Räten; dadurch bilden sie eine große Ordensfamilie, wenn auch Einsiedler und Weltinstitute nicht im eigentlichen Sinne als Ordensgemeinschaften gelten (vgl. PC Nr. 11).

Obwohl Can 605 von „neuen Formen des geweihten Lebens spricht, deren Approbation allein dem Apostolischen Stuhl reserviert sind", heißt es in einem weiteren Satz: „Die Diözesanbischöfe jedoch sollen bemüht sein, *neue* vom Hl. Geist der Kirche anvertraute Gaben des geweihten Lebens zu erkennen." Henseler hält es für möglich, daß solche *neuen* Formen auch in der Ablegung eines oder nur zweier Gelübde gesehen werden darf: „Daß man dabei dann allerdings nicht

---

(35) ebd. S. 102

allzu eng verfahren darf, zeigt schon die Tatsache, daß mit dem ordo virginum eine Gruppe in den Stand des geweihten Lebens aufgenommen wurde, die mit der Keuschheit nur einen der drei evangelischen Räte übernimmt. Ebenso wäre es denkbar, daß sich eine Gruppe verheirateter Männer und Frauen oder Familien zu Formen des geweihten Lebens zusammenschließen, die sich zu den evangelischen Räten des Gehorsams und der Armut bekennen."[36]

Gemeinschaften solcher Art sind das „Agnus Dei", „Emanuel", „Löwe Juda" (Anm.), oder – wie Henseler meint – die „Integrierte Gemeinde", die er als „Stichwort für mögliche neue Entwicklungen" bezeichnet.

Gewiß sollte man Weiterentwicklungen im Bereich religiöser Lebensgemeinschaften nicht ausschließen, doch sind dort Grenzen gesetzt, wo ein geordnetes Leben im Geiste der evangelischen Räte nicht mehr gewährleistet ist. Denn die Räte sind integrale Bestandteile eines ganzheitlich geweihten Lebens, wobei selbst beim Zusammenschluß von Eheleuten und Familien zur Lebensgemeinschaft das Gelübde der ehelichen Keuschheit an die Stelle der Ehelosigkeit treten muß. Die Kirche wird sorgfältig darüber zu wachen haben, daß nur solche Lebensgemeinschaften die Approbation erhalten, die eine glaubwürdige Nachfolge Christi anstreben und apostolisch wirksam und fruchtbar sind.

So muß man doch wohl davon ausgehen, daß die evangelischen Räte eine Einheit bilden, die man nicht auf zwei oder auch nur einen Rat reduzieren kann, ohne das Specificum des Ordenslebens und anderer ordensähnlicher Institutionen zu gefährden; es entstünde ansonsten etwas Neuartiges, das aus dem Rahmen des gültigen Ordensrechtes herausfiele.

---

(36) ebd. S. 101

Anm.: Diese Gemeinschaft hat ihren Namen in „Gemeinschaft der Seligkeiten" umgewandelt.

„Ausgefallenes" ist zwar heute „in", wie man zu sagen pflegt, und braucht also auch nicht lange zu suchen, um in der Literatur fündig zu werden. Außerdem werden sich neuartige Formen von religiösen Gemeinschaften erst noch zu bewähren haben, bevor man ihnen das Prädikat eines vom Heiligen Geist gesteuerten Neuaufbruches zuerkennen kann.

Ein Beispiel von Abwegigkeit für den Ordensbereich liefert der französische Franziskaner Thaddäus Matura in seinem Buch „Orden am Scheideweg". Wie in so vielen theologischen Schriften unserer Zeit, verrät auch dieses Buch eine gewisse Allergie gegen etablierte Kirchlichkeit zugunsten liberaler Selbstfindung eines subjektiven Verständnisses von Ordensleben. In ihm entwickelt Matura recht merkwürdige, wenn nicht ausgefallene Ideen. Er schreibt: „Da fragt man sich, wie weit der klösterliche Lebensraum ausgedehnt werden kann. Soll das Kloster trotz allem Kloster bleiben, in dem man für sich, abseits der Welt, lebt und bleibt, was man ist, oder soll man es ‚sprengen', alle Schranken wegräumen, damit jeder aus- und eingehen kann? Mit anderen Worten, wäre es nicht angebracht, obwohl es beim Zölibat und der Gemeinschaft bliebe, auch unverheiratete Frauen (sic!) oder Ehepaare oder frühere, jetzt verheiratete Mitglieder der Kommunität aufzunehmen? Könnte man nicht sogar eine Rahmenordnung mit Güter- und Gebetsgemeinschaft usw. entwerfen, die es einem Mitglied erlauben würde, aus dem Zölibat in die Ehe zu wechseln und doch Ordensmann zu bleiben? Diese Vorstellungen sind nicht frei erfunden, es gibt Kreise von Ordensleuten, die sich solche Fragen stellen." [37]

Mit diesem letzten Satz scheint Matura auf gewisse Distanz zu den chaotischen Gedankengängen, die er in eine Anzahl von Fragen gekleidet hat, zu gehen. Allerdings versteigert er sich an anderer Stelle zu fiktiven Vorstellungen, wobei er sich auf Theilhard de Chardin beruft: „Man kann

---

(37) Th. Matura, a. a. O., S. 113

nach den Visionen eines Theilhard de Chardin nur wünschen, daß die Menschheit noch vor der Wiederkunft Christi eines Tages das Stadium erreicht, wo es ‚weder Mann noch Frau gibt' (Lk 20,35) (Anm.). Alles, was heute in diese Richtung weist, muß als Fortschritt (sic!) begrüßt werden."[38] Im nächsten Satz kehrt er dann zur Realität zurück: „Trotzdem, wenn man hie und da einschlägige Experimente beobachtet, fragt man sich, ob da nicht die einfachsten psychologischen Gesetze aufs gröbste verletzt werden. Unverheiratete Männer und Frauen können einfach nicht in einer fast totalen Lebensgemeinschaft zusammen sein, ohne daß sich von selbst Bindungen in Richtung Liebe und Ehe ergeben."[39] Ein ähnliches verwirrendes Meinungsallerlei liefert Matura auch an anderen Stellen, so daß man bezüglich seiner eigenen Meinung herumrätselt. Daß aber dennoch solche Experimente, wie sie von Matura angedeutet werden, Wirklichkeit sind, beweist folgender aus Kanada stammender Bericht: „Eine neue franziskanisch inspirierte christliche Wohngemeinschaft ist vor einigen Monaten in Montréal (Kanada) entstanden. Dort haben sich drei Franziskaner mit neun Laien zusammengeschlossen. In einer geräumigen Wohnung entstand mitten in der Stadt, die christliche Zelle ‚Der lebendige Stein'. Genauer gesagt sind es zwei junge Ehepaare mit je einem kleinen Kind, eine unverheiratete junge Frau (!), zwei unverheiratete junge Männer und eben die drei Franziskaner, welche die Gruppe bilden."[40]

Weil von „Wohngemeinschaft" die Rede ist, muß man davon ausgehen, daß es sich hierbei um eine neuartige Kommunität handelt, die sich nicht als klösterliche Gemeinschaft versteht. Was aber bezweckt eine solche „christliche

---

Anm.: Der biblische Befund schließt den „androgynen" Mensch für die Weltzeit aus (vgl. Gen 1,27).

(38) ebd. S. 117

(39) ebd. S. 117/118

(40) entnommen: Infag 4/87

Zelle", die weder Kloster noch familienbezogenes Eigenheim sein soll und damit sowohl die Zeichenhaftigkeit des klösterlichen Lebens als auch der ehelichen Lebensgemeinschaft verwischt? Bei einer solchen Einrichtung stand doch eher das kommunistische Kollektiv oder die Hippie-Kommune als die christliche Ständeordnung Pate!

Es läßt sich nicht alles in einen Topf werfen und dabei das Besondere jeder Zutat erhalten. Was in der Begegnung verschiedener Lebensstände befruchtend wirken kann, wenn es zum Austausch menschlicher und christlicher Erfahrungen in den jeweiligen Lebensräumen kommt, wird zum Störfaktor beim Zusammenlegen der Lebensräume, die für die Religiosen von ganz anderer Natur sind und sein müssen als für Eheleute und Familien. Und was hier als aufbauend konzipiert wird, führt letztendlich zum Zerfall der unterschiedlichen Lebensformen.

Es scheint mir etwas voreilig, wenn Matura bemerkt: „Auch heute noch bildet ... das Gros der Orden, was Wohnung, häusliches Leben, Arbeit und Kontakt zur Umwelt angeht, eine Welt für sich. Aber das ändert sich schnell. Die meisten Schranken wie Ordenskleidung, Klausur, Häuser im speziellen Klosterstil, Art der Betätigung fallen oder sind schon gefallen. Man lebt, besonders in kleinen Gemeinschaften, schon fast wie in der Welt, das heißt, etwa wie in einer Familie. Es gibt keine Sprechzimmer mehr, Besuche empfängt jeder auf seinem Zimmer, die Gäste nehmen am Leben, an den Mahlzeiten und manchmal auch am Gebet teil." [41]

Pater Thaddäus Matura offenbart in seinen Ausführungen eine erschreckende Geistesverwirrung, gegen die er selbst keineswegs immun ist, ganz im Gegenteil, aus der Art seiner Darlegungen spricht eine, wenn auch zurückhaltende Sympathie gegenüber all den Experimenten, die er in seinem

---

(41) ebd. S. 112–113

Orden festgestellt und protokolliert hat. So entsteht die schizophrene Haltung des Gefallens am Wandel einerseits, doch andererseits die Unsicherheit über die Richtigkeit und Brauchbarkeit des Experimentes. Sowohl sich selbst als Autor, aber auch dem Leser verweigert ein solches Lavieren die schlüssige Erkenntnis über die richtige Wegentscheidung „am Scheideweg", denn in einer solchen Position vermutet ja der Franziskaner Matura die Orden in unserer Zeit. So wird sich der Autor dieses Buches die Frage gefallen lassen müssen, ob er nicht mit seinen gewiß auch zutreffenden Beobachtungen im heutigen Ordensleben, in seiner Beurteilung mehr Verwirrung hinterläßt als wahre Aufklärung zu vermitteln, und das gerade auch bei jungen Menschen auf der Suche nach der verwirklichbaren Lebensweise im Orden und die damit sich in einer lebensentscheidenden Scheidewegsituation befinden.

Für all das liefert das Buch selbst den Prüfstein: „Die Austritte halten an, der Nachwuchs bleibt spärlich. Das hat offensichtlich wenig mit dem zu tun, was Ordensleute heute bewirken und was sie nicht leisten, als mit dem, was sie sind, wie sie sich verstehen, wie sie leben." [42]

Wenig trostreich, aber vom Faktischen her gesehen notwendig, weil es das Ausmaß der im katholischen Ordensleben herrschenden Verwirrung offenlegt, folgende Hinweise Ansgar Stöcklins zu Auflösungserscheinungen im benediktinischen Bereich: „ ... zumindest ist die fast uneingeschränkte Hereinnahme von Fremden im Kloster ein Symptom und ein weiterer Anlaß für die wachsende Selbstentfremdung und Entwurzelung ... Im Kloster sei, zumal die Zahl der Mönche geringer werde, genug Platz, ganze Familien ständig zwischen den Mönchen wohnen zu lassen. Es täte uns gut!... Das sind nicht Ideen eines im Kloster vereinzelten Exzentrikers ... Bei der 2. Tagung der Novizenmeister monastischer Gemein-

---

(42) ebd. S. 5

schaften Deutschlands (vom 17. bis 21. 11. 1969) wurde referiert: ‚Die bisherige scharfe Trennung von Männer- und Frauenorden sei veraltet ... Als Aufgabe bleibe gerade für die Orden bestehen, Modelle zu finden, wie ein partnerschaftliches Verhältnis von Mann und Frau christlich gelebt werden könne. – Zusammenfassend formuliert der Referent ... Für eine zukünftige Gesellschaft haben die Orden über die Lücken-Büßer-Funktion hinaus die Aufgabe, zu Protagonisten und Vorkämpfern, zu Experimentatoren und Revolutionären zu werden, d. h. zu Gruppen, die Weg weisen, wie es möglich ist, kollektiv für andere Mensch zu sein?" [43]

Eine merkwürdige Anleihe vom Kommunistischen Gesellschaftsbild und Vokabular: „kollektiv für andere Mensch zu sein". Den Begriff „kollektiv" benutzt auch Matura gleich zweimal im zweiten Kapitel seiner Schrift „Die Orden am Scheideweg" mit der Überschrift: „Der spezifische Charakter des Ordensstandes", (S. 34/35). Um diesen spezifischen Charakter zu bezeichnen, steht uns das Wort Kommunität (von communio abgeleitet) zur Verfügung, das mit dem marxistischen Begriff Kollektiv nicht konvertierbar ist. „Kollektiv (vom lat. colligere = sammeln) Gruppe; in der Soziologie eine Gruppe mit dem besonderen Kennzeichen, daß in ihr die autonome Entwicklung der Individuen verhindert wird. Kollektive in diesem Sinne gibt es seit der Entstehung der totalitären Staaten." [44]

Der Verdacht der Profanierung des religiösen Begriffes Kommunität liegt nahe, denn dieser ist nicht unter dem rein soziologischen Gesichtspunkt faßbar und damit im eigentlichen Sinne spezifischer Begriff für den vom Charisma her geprägten Zusammenschluß von Frauen und Männern zu Ordensgemeinschaften. Doch nur die Korrektur des Denkens läßt zu einem geordneten Sprachgebrauch zurückfinden.

(43) Ansgar Stöcklein, Zerbrochene Synthese, Kösterliches Leben heute I, 1972, S. 20–22

(44) aus: Philosophisches Wörterbuch, Alfred-Körner-Verlag, Stuttgart 1978

Wenn aber das Denken selbst profane Züge annimmt, dann geschieht, was Ansgar Stöcklein treffend so formuliert: „Die jenseitige Realität ist heute in der abendländischen Christenheit verblaßt. Die Theologie blieb von dem neuzeitlichen Wandel der Realitätserfahrung nicht unberührt; ja, einmal angestoßen, radikalisiert sie ihn: Die Theologie macht sich zum Anwalt einer ‚weltlichen Welt‘. Ob diese als Destillat einer ‚Entmythologisierung‘, einer ‚Entsakralisierung‘, einer ‚Gott ist tot‘-Theologie oder in anderen Benennungen und Begriffen gewonnen wird – in ihr geht es letztlich immer um diese Welt selbst. Ihr Sinn soll sich in ihr selbst, nicht hinter oder außer oder über ihr erfüllen. Und auch das Leben des einzelnen Menschen muß an sich selbst oder doch aus dem Sinngefüge der gegebenen bzw. vom Menschen zu schaffenden irdischen Wirksamkeit erklärbar und erfüllbar sein." [45]

Ob man will oder nicht, die Begriffe Orden – oder auch ganz allgemein Institute des gottgeweihten Lebens – besitzen eine institutionell rechtliche Komponente und können nicht allein von der inhaltlichen Seite als Nachfolge Christi verstanden werden, wozu schließlich jeder Getaufte berufen ist. Auch der Grad der Radikalität und Vollkommenheit einer solchen Nachfolge fördert allein nicht das Unterscheidende zwischen Orden und sonstiger Christusnachfolge zutage, sondern allein die auf die drei Gelübde verpflichtende Bindung, die die Eingliederung in eine kirchenrechtlich anerkannte Gemeinschaft bedeutet, oder als Einzelweihe in die Hände des Bischofs als kirchlich zuständige Autorität abgelegt wird, in Verbindung mit einer kirchlich anerkannten Lebensordnung (Regel und Statuten). Jeder rein spekulative Versuch einer Erklärung des Ordensstandes, ohne Einbindung in die Kirche und ihre Rechtsordnung, muß scheitern. Dazu Norbert Ruf: „Das durch das Versprechen der Evangelischen Räte geheiligte Leben ist eine feste Lebensform (stabilis videndi forma), in der die Gläubigen unter dem

---

(45) A. Stöcklein, ebd. S. 143

66

Antrieb des Heiligen Geistes Christus ausdrücklich nachfolgen und sich dem über alles geliebten Gott vollständig weihen. Die Lebensform hat zum Ziel, aufgrund dieser zur Ehre Gottes, zur Auferbauung der Kirche und zum Heil der Welt vollzogenen neuen und besonderen Hingabe die Vollkommenheit der Liebe im Dienst am Reich Gottes zu erlangen und in der Kirche ein hervorragendes Zeichen, das die himmlische Herrlichkeit verkündet, zu setzen."[46] In dieser Definition finden sich alle Bestandteile eines Gott geweihten Lebens.

Die Thematik dieses Kapitels kann nicht ohne kurze Abhandlungen über die drei evangelischen Räte **Ehelosigkeit** (Keuschheit), **Gehorsam** und **Armut** abgeschlossen werden. Der Konzilstext (PC Nr. 12) setzt die *Ehelosigkeit* – wie der lat. Begriff castitas nach dem Urtext ins Deutsche übersetzt wurde (Rahner/Vorgrimler) – an den Anfang, womit wohl eine gewisse Vorrangstellung angedeutet werden soll. Deshalb ist auch Matura zuzustimmen, wenn er erklärt: „Für mich liegt der spezifische Unterschied zwischen Ordensleben und christlichem Leben in der Ehelosigkeit, die ein Christ um Christi willen und im Angesicht der Kirche als endgültigen und öffentlichen Lebensstil wählt"[47], wobei die beiden anderen Gelübde des Gehorsams und der Armut nicht ausgeschlossen werden dürfen. (Anm.) Einige Zeilen später verfällt Matura leider wieder säkularistischem Gedankengut, das die freiwillig übernommene Ehelosigkeit von ihrem vertikalen Bezug löst: „Die Ehelosigkeit, die den Unterschied zwischen Ordenschristen und Laienchristen ausmacht, berührt nicht das vertikale Verhältnis des Menschen zu dem in Jesus geoffenbarten Gott, sondern das horizontale Verhältnis des Menschen zu seinesgleichen."[48]

---

(46) Norbert Ruf, „Das Recht der Katholischen Kirche", Herder 1983, S. 154

(47) Th. Matura, ebd. S. 56

Anm.: Eine andere Rangordnung der Gelübde stellt den Gehorsam an die oberste Stelle.

(48) Th. Matura, ebd. S. 56–57

Diese Auffassung steht im Widerspruch zum Hinweis des Herrn auf die „Ehelosigkeit um des Himmelreiches willen", die Jesus mit Bedacht von einer Eheunfähigkeit von Geburt an oder durch menschliche Einwirkung (Mt 19,12) unterscheidet, weil es sich hierbei um Menschen handelt, die zwar ehefähig sind, aber um der höheren Berufung im Dienste Gottes und seines Reiches willen auf die Ehe verzichten. Dieser religiös motivierte Entschluß zur Ehelosigkeit verleiht dem Ordensleben in der Eremitage als auch in der vita communis eines religiösen Institutes seinen besonderen Charakter. Die Ehelosigkeit um des Himmelreiches willen hat Jesus nicht für jeden als faßbar erklärt, d. h. sie ist ein Gnadengeschenk Gottes, das auf Seiten des Menschen die Annahmebereitschaft voraussetzt, ähnlich der Berufung Mariens zur Gottesmutterschaft. Sie partizipiert auch am Geheimnis der Menschwerdung, die sich in der Kirche fortsetzt und die Vaterschaft gottgeweihter Ehelosigkeit ungeteilt in Anspruch nimmt. So wird der Ehelose in persona Christi zum Bräutigam, dem die Braut, d. i. die Kirche anvertraut ist. Dazu Paul VI.: „Die Keuschheit bezeugt in ganz positiver Weise die bevorzugte Liebe für den Herrn und ist in erhabener, absoluter Weise Symbol für das Geheimnis der Einheit des mystischen Leibes mit seinem Haupt, der Braut mit ihrem ewigen Bräutigam. Sie ergreift endlich das menschliche Sein, wandelt es um und durchdringt es bis in sein Innerstes durch eine geheimnisvolle Ähnlichkeit mit Christus."[49]

Auch Johannes Paul II. hebt diesen Aspekt hervor: „Er (gemeint ist der Rat der Ehelosigkeit, Verf.) verdeutlicht mehr den bräutlichen Charakter dieser Liebe … es geht also um die Jungfräulichkeit als Ausdruck der bräutlichen Liebe für den Erlöser selbst. In diesem Sinne lehrt der Apostel, daß derjenige ‚richtig handelt', der sich für die Ehe entscheidet, und jener ‚besser handelt', der die Ehelosigkeit wählt. ‚Der Unverheiratete sorgt sich um die Sache des Herrn; er will dem Herrn

---

(49) Papst Paul VI., „Evangelica Testificatio" Nr. 13

gefallen; die unverheiratete Frau aber und die Jungfrau sorgen sich um die Sache des Herrn, um heilig zu sein an Leib und Seele'"[50] (vgl. 1 Kor 7).

Von den drei evangelischen Räten ist vor allem die Ehelosigkeit um des Himmelreiches willen unter heftigem Beschuß geraten, wobei es vorrangig um die Abschaffung des Priesterzölibates geht. Obwohl man für die Angriffe auf den „freiwilligen" Pflichtzölibat des Priesters noch ein gewisses Verständnis aufbringen kann, so gilt das nicht für Ordensleute, zu deren ureigenstem Lebensstil das Zölibat gehört. (Anm.)

Das Schwinden einer solchen Wertschätzung des Zölibates in Ordenskreisen, hat wohl seine Auswirkung – wenn auch nicht ausschließlich – auf den Nachwuchsrückgang gehabt. Metz meint sogar: die Orden müßten nach Art eines Privileganspruches mit Bezug auf „die Verdunkelung dieser spezifischen und unersetzlichen Sendung" gegen den allgemeinen Priesterzölibat opponieren.[51]

Dazu folgende Stellungnahme: Gewiß ist die von einem Ordensmitglied übernommene Verpflichtung zu den evangelischen Räten eine völlig freiwillige Annahme eines besonderen Charismas. Wenn aber die Kirche erklärt, daß mit der Berufung ins Weihepriestertum das Charisma der Ehelosigkeit verbunden ist, so müssen wir dieser Erkenntnis der Kirche die nötige Reverenz erweisen. Der Schwund an Priester- und Ordensberufen geht im großen Ausmaße auf die versteckten und offen geführten Angriffe auf das Zölibat zurück. Wobei es die erkennbare Tendenz gibt, den Priesternotstand durch die gezielte antizölibatere Propaganda im

---

(50) Joh. Paul II. „Redemptionis Donum", Nr. 11

Anm.: Man hat den Ordensmann, der das Zölibat ablehnt, mit einem Polizisten verglichen, der die Abschaffung der Verkehrsordnung fordert.

(51) J. B. Metz, a. a. O., S. 66/67

Volke künstlich zu schaffen, im schlimmsten Falle sogar Jugendliche, die eine kirchliche Berufung erkennen lassen, von diesem Weg abzuraten und statt dessen den bequemeren Weg des verheirateten Laientheologen vorzuschlagen. Selbst Bischöfe fördern durch ihre Nachgiebigkeit in der Frage der priesterlichen Ehelosigkeit die Tendenz zum bequemeren Weg in den kirchlichen Laiendienst. Krisenzeiten erfordern eine besondere Festigkeit in Grundsatzfragen. Es geht dabei nicht um das sture Festhalten am Überlieferten, sondern um die Bewahrung gefährdeter Werte, die, einmal aufgegeben, schwerlich wiederzugewinnen sind. So würde die noch so gut gemeinte Weihe von sog. „viri Probati" zweifelsohne das Ende des priesterlichen Zölibates einleiten.

Mit einer Werbung von Sympathisanten für die Abschaffung des priesterlichen Zölibates tritt seit einiger Zeit die „Vereinigung katholischer Priester und ihre Frauen e.V." an die Öffentlichkeit, indem sie diesbezügliches Werbematerial an die Pfarrhäuser verschickt. Wer die Argumente dieser Vereinigung sorgfältig untersucht, wird feststellen, daß der Forderungskatalog weit mehr enthält als die Entlastung des Priesters und Pfarrers von der Zölibatspflicht; ein ganz neuartiges Amtsverständnis tritt an die Stelle des katholischen Priestertums, was die Forderung nach der Frauenamtsträgerin nicht verwunderlich macht. Damit leistet sich diese Antizölibatskampagne einen schlechten Dienst; sie liefert geradezu wichtige Argumente für die Beibehaltung des Zölibates!

Die Reihenfolge der Gelübde sollte man nicht überbewerten, weil die drei Gelübde nicht nur eine äußere, sondern auch eine innere Einheit bilden. So ist der als evangelischer Rat geforderte **Gehorsam** nur ganzheitlich erfüllbar in der Verbindung mit *Ehelosigkeit und Armut.*

Es hat um die konziliaren Formulierungen des Gehorsamgelöbnisses ein Tauziehen der Konzilsväter gegeben – wie in den Kommentaren nachzulesen ist – woraus zwei Modi entstanden: der eine Modus plädiert für die uneingeschränkte Gehorsamspflicht, die den Willen des Obern mit dem Willen Gottes gleichsetzt. Der andere Modus dagegen verlangte einen Gehorsam in „reifer personaler Gesinnung", der durch Abstimmung des Obern mit dem Untergebenen gewonnen werden soll.

Der ersten Position wird man leicht die Vernachlässigung des Gewissens und der zweiten die Abwertung der Autorität anlasten. Woraus ersichtbar, wie schwierig es ist, den Gehorsam so zu bestimmen, daß er beiden, Gewissen und Autorität, in gleicher Weise gerecht wird (Hinweis Can 670).

Die autoritätsbezogene Auffassung des Gelübdegehorsams beruft sich gern auf das göttliche Vorbild in Jesus, der immer wieder seinen uneingeschränkten Gehorsamswillen gegenüber dem himmlischen Vater bezeugte. Doch sollte man nicht übersehen, daß dieser Gehorsam eingebettet war in die absolute Zuverlässigkeit Gottes, die jede Gewissensbefragung erübrigt. Ganz anders verhält es sich jedoch bei einem Menschen, der seinem Mitmenschen gehorchen soll, der höchstens als Medium zwischen Gott und seinem Untergebenem angesehen werden kann. Im letzten Falle darf das Gewissen nicht einmal ausgeschaltet werden, was Franziskus in seinen „Mahnungen" sehr deutlich hervorhebt: Er sieht den „vollkommenen Gehorsam" einmal darin „sich selbst zum Gehorsam ganz in die Hände seines Obern" zu geben; dann aber führt er etwas später das Gewissen ins Feld: „Wenn aber der Obere dem Untergebenen etwas befiehlt, was gegen sein Gewissen ist, so soll dieser sich trotzdem nicht von ihm trennen, wenngleich er ihm nicht gehorchen darf." [52]

---

(52) „Die Schriften des Hl. Franziskus von Assisi" Kajetan Eßer/Lothar Hardick, Dietrich-Coelde-Verlag, Werl 1987, 5. Auf.., S. 49

Diese letzte Ermahung hat Franziskus gewiß nicht bezüglich der alltäglichen Pflichten, die jedes Mitglied einer Ordensgemeinschaft als seinen Beitrag für die Gemeinschaft zu leisten hat, aufgestellt, sondern aus Sorge darüber, daß einer seiner Brüder der Kirche den Gehorsam aufkündige – wie das bei den sektiererischen Armutsbewegungen seiner Zeit der Fall war – und nach seiner nüchternen Einschätzung könnte dies auch ein Oberer der Brüder sein. (Anm.)

Beziehen wir diese Möglichkeit auf unsere Zeit, die in ihren nachkonziliaren Wirren eine breite Palette von Dissenserscheinungen hervorbrachte, von rechten wie linken Papstgegnern, so zeichnen sich hierbei Vorgänge ab, die an das abendländische Schisma (1378–1417) erinnern. Damals gab es Klöster, die sich für diesen, andere, die sich für den Gegenpapst entschieden, so daß sich die Frage der Oboedienz stellen konnte. Auch heute kann man den Gewissenskonflikt nicht ausschließen, wenn ein Oberer oder eine Oberin die modernistische Linie vertreten sollte und der Kommunität die eigenen Richtlinien aufzwingen möchte. Der Gehorsam gegenüber dem höchsten Vorgesetzten, dem Papst, könnte in diesem Falle nicht nur den Widerstand, sondern gegebenenfalls auch den Austritt aus der Gemeinschaft verlangen. Sei es zur Gewissensberuhigung oder auch zur bewußten Gewissensbildung, können Ordensleute durch die geschickte Manipulation und mit Hilfe entsprechender Literatur in die Irre geführt werden – oder anders gesagt – in Unwissenheit über kirchliche Bestimmungen gelassen werden. Ordensgemeinschaften, die versuchen würden, auf diese Weise ihre Zukunftschancen zu verbessern, rechnen zu wenig mit der göttlichen Vorsehung.

Denn der erste und absolut bindende Gehorsam gilt Gott und der Kirche mit ihrem obersten Hirten- und Lehramt. Das

---

Anm.: Gehorsam, bei dem das Gewissen außer Kraft gesetzt würde, wäre als blinder Gehorsam sittlich verwerflich.

bezieht sich vor allem auf die Pflicht zur Oboedienz der Ordensleute gegenüber Rom und dem Heiligen Vater, die leider ihre Selbstverständlichkeit verloren hat, obwohl sie gerade den exempten Orden besonders angemessen erscheint. (Anm.)

Die Auskunft über den dritten Evangelischen Rat der **Armut** leitet der Konzilstext mit folgenden Worten ein: „Die freiwillige Armut um der Nachfolge Christi willen, als deren Zeichen sie heute besonders geschätzt wird, sollen die Ordensleute mit liebendem Eifer pflegen und gegebenenfalls auch in neuen Formen üben. Sie ist Anteil an Christi Armut, der unseretwegen arm wurde, da er doch reich war, damit wir durch seine Entbehrungen reich würden (vgl. 2 Kor 8,9; Mt 8,20)"[53]

Zunächst gilt es zu erkennen, daß nach Mk 6,8–9, Mt 10,9–10 und Lk 9,3 von den Jüngern Jesu eine Armutsradikalität gefordert wird, wie sie selbst in den Bettelorden nur ansatzweise zur Basis werden konnte. Der Herr, der die Armut von Geburt an zu seiner Gefährtin machte, findet in Franziskus einen neuen ernsthaften Liebhaber, weshalb er die Armut seine Braut nannte, der er zeitlebens die Treue hielt. Doch noch zu seinen Lebzeiten wurde sie zum Zankapfel in seiner jungen Gemeinschaft, ja, zum Krisenherd: „Noch zu Lebzeiten des Ordensstifters Franz von Assisi (1181/82–1226) zeichneten sich Krisenherde in der noch jungen Bruderschaft ab", schreibt Heribert Holzapfel in seiner Ordensgeschichte; so mußte er seine Palästinamissionsreise 1220 abbrechen, weil ihn schlimme Nachrichten aus Assisi er-

---

Anm.: Can 590 §1: Die Institute des geweihten Lebens, die ja in besonderer Weise auf den Dienst für Gott und die ganze Kirche hingeordnet sind, unterstehen aus einem eigenen Grunde ihrer höchsten Autorität. §2: Singuli sodales Summo Pontifici, tamquam supremo eorum Superiori, etiam ratione sacri vinculi oboedientiae parere tenentur (Die einzelnen Mitglieder sind dem Papst als ihren höchsten Oberen auch kraft der heiligen Gehorsamsbildung zu gehorchen verpflichtet).

(53) PC, Nr. 13

reichten. Hatten doch seine Vertreter, die Vikare Matthäus von Nordi und Gregor von Neapel eigenwillig Änderungen an der Lebensweise der Brüder vorgenommen. Außerdem wird uns berichtet, daß Franziskus eigenhändig das Dach eines Hauses abdeckte, das Brüder in Bologna errichteten, weil es seinen Armutsvorstellungen nicht entsprach."[54]

Der Armutsstreit zieht sich wie ein roter Faden durch die gesamte Ordensgeschichte und wurde zum auslösenden Faktor verschiedener Spaltungen. Für alle Ordensgemeinschaften aber gilt: Die gelebte Armut kann nicht auf ein einheitliches Niveau festgeschrieben werden. Sie unterscheidet sich sowohl nach der Eigenart des Ordens als auch dem jeweiligen Verständnis einer Zeit. Sie ist ausgeprägter in den sog. Mendikantenorden oder Bettelorden als in den Abteien der Mönche, in ärmeren Gegenden als in wirtschaftlich entwickelten, aber auch vom Armutsstreben des einzelnen Ordensmitgliedes abhängig. Selbst so große Gestalten wie Franziskus konnten nicht verhindern, daß schon gleich nach ihrem Tode der Niedergang in der Observationsstrenge der Regel einsetzte: „Wenig später nach dem Tod des Ordensvaters wurde ein Bruder Elias Ordensgeneral, eine zwielichtige Persönlichkeit mit guten und schlechten Charaktereigenschaften", wie Holzapfel meint. „Vor allem war sein Privatleben durchaus nicht das eines Minderbruders … Er hielt mehrere Pferde (Anm.), um fast immer auch ganz kleine Strecken zu reiten; er ließ sich durch einen eigenen Koch feine Speisen bereiten."[55] Gewiß ist an einem solchen Bericht ein Mangel an Objektivität nicht auszuschließen, da bekanntlich Kontrahenten dazu neigen, das Negative an ihren Gegnern aufzubauschen. Doch ein späterer Nachfolger des Elias als Ordensgeneral, der hochgelehrte Hl. Bonaventura,

---

(54) Heribert Holzapfel, Handbuch der Geschichte des Franziskanerordens, Herder 1909, S. 8

Anm.: In der Regel heißt es, daß die Brüder nicht reiten dürfen.

(55) H. Holzapfel, ebd. S. 25

bezeichnet als hervorragende Mißstände im Orden: „... das Übermaß an Geschäften, das zur Verletzung der Armut und zur leichtsinnigen Geldbehandlung führe, die Trägheit und das müßige Herumschweifen einzelner Brüder, dann die Maßlosigkeit im Betteln, die verursache, daß man sie (gemeint sind die Ordensbrüder, Verf.) mehr fürchte als die Wegelagerer" u. a. mehr.[56]

Aus seiner eigenen Lebenserfahrung lernte Franziskus die Gefahren des Reichtums und eines Besitzstanddenkens kennen. Durch den schmerzhaften Lösungsprozeß von einem im Wohlstand eingeborgten Leben fand er den Weg zur Selbsterniedrigung und Selbstentäußerung, die ihn den Menschen seiner Zeit zunächst als Narr erscheinen ließ. Wenn seine Armut auch zur Bettelarmut strebte, so wollte er dennoch nicht, daß die Brüder verelenden. Dies hat er in eindrucksvoller Weise wie folgt zum Ausdruck gebracht: „Wenn sie meine Herrin, die Armut, umschlungen halten, wird die Welt sie ernähren, da sie der Welt zum Heile gegeben sind" (2 Cel 70).

Ist auch immer wieder von der „Radikalität" die Rede, die das Ordensleben auszeichnen müsse, so gilt es doch zu bedenken, daß der Pauperismus keine Zielvorstellung sein kann; das für den Lebensunterhalt Notwendige zu erlangen, ist eine ebenso wichtige christliche Pflicht wie Gebet und Askese. (Anm.) Und hat auch das kirchlicherseits sanktionierte Betteln der Mendikanten eine lange Tradition, so bewirkt der Wandel im landwirtschaftlichen Produktionsablauf, daß das sog. Terminieren von Naturalien fast ganz zum Erliegen kommt. So wird zwangsläufig der Erwerb durch einen gelernten Beruf zukünftig die normale Einnahmequelle auch für die Ordensniederlassungen der Bettel-

---

(56) H. Holzapfel, ebd. S. 34

Anm.: Auch die Nutzung des sozialen Netzes im modernen Wohlfahrtsstaat kann nicht als Verrat am Gelübde der Armut bezeichnet werden. Ebensowenig darf die Berufung auf die Armut als Deckmantel für eine fehlende – wenn auch noch so bescheidenen – Wohnkultur mißbraucht werden.

orden sein. – Wahre Armutsliebe zeigt sich im Maßhalten, in der Bereitschaft, jeglichen Überfluß an die Bedürftigen weiterzugeben. Denn schließlich hat Jesus nicht das Nichthaben, sondern das Weggeben und Loslassen selig gepriesen.

II. Teil

Grundlagen
für eine Erneuerung
des Ordenslebens

Christus, göttlicher Herr,
dich liebt, wer nur Kraft hat zu lieben:
unbewußt, der dich nicht kennt;
sehnsuchtsvoll, wer um dich weiß.

Christus, du bist meine Hoffnung,
mein Friede, mein Glück, all mein Leben:
Christus, dir neigt sich mein Geist;
Christus, dich bete ich an.

Christus, an dir halt' ich fest
mit der ganzen Kraft meiner Seele:
dich Herr, lieb' ich allein –
suche dich, folge dir nach.

Hymnus, Herz-Jesu-Fest

1. Erstoption für Christus

Alle meine Quellen entspringen in Dir.
PS 87

Eine Diagnose zu stellen, ohne Willen zur Therapie, wäre zumindest müßig. Ähnliches gilt von dem im 1. Teil dieser Untersuchung vorgenommenen Versuch, die Situation, in der sich die Orden befinden zu analysieren, aber auf Hinweise einer Wegfindung in die Erneuerung zu verzichten.

Jeder Arzt weiß, daß nicht jede Medizin in der gewünschten Weise wirkt, so daß es häufig eines langwierigen Ausprobierens bedarf, bis das heilende Medikament gefunden ist.

Nicht anders wird es der Kirche mit ihrem kränkelnden Ordenswesen ergehen, dessen Gesundung und Erneuerung ihr ein Herzensanliegen sein muß, weil ihr ansonsten ein wichtiges Instrument ihrer Wirksamkeit verloren ginge, von dem ihre missionarische Stärke entscheidend abhängt.

Als gläubige Menschen sind wir in der glücklichen Lage, in Jesus Christus einen Arzt zu haben, der uns Heilmittel anbietet, die absolut zuverlässig sind. Es gilt nur, sich ihrer zu bedienen, und nicht irgendwelche Anleihen in Fremdreligionen und bei Meistern zu machen, die ihre Fähigkeiten überirdischen Kräften zuschreiben, deren Herkunft nicht eindeutig feststellbar ist. Nicht minder bedenklich sind Anleihen aus dem sozio-psychologischen Bereich der autonomen und gruppendynamischen Trainingsformen, weil solche Arten von „Seelenerziehung" den für das Ordensleben so wichtigen transzendentalen Bezug verkennen.[1] Gewiß sollten psychologische Erkenntnisse über zwischenmenschliche Beziehungen in die persönliche und Gemeinschaftserziehung einbezogen werden, doch dürfen sie nicht jene religiösen Übungen verdrängen, die bisher für die Persönlichkeits- und Gemeinschaftsbildung im Ordensleben bedeutsam waren, weil sie ganz spezifisch das Ordensleben prägten, was sich vorwiegend in Zurückgezogenheit und Stille, Gebet, Meditation und vor allem in Liturgie und Sakramentenempfang vollzieht.

Schon der Versuch, mit den Mitteln der Psychologie einen Novizen „durchleuchten" zu können, um in der Aufnahme sicherzugehen, wie dies durch die Erstellung eines fachmännischen Psychogramms geschieht, mag mit der größeren Verunsicherung bei der Einschätzung des Nachwuchses zusammenhängen, kann aber auch eine bedenkliche Fehleinschätzung des Anteils der göttlichen Gnade sein, die auch aus einem groben Klotz einen Heiligen zu schnitzen vermag. Jedenfalls muß darauf geachtet werden, daß an sich nützliche Mittel der Seelenforschung nicht an die Stelle einer guten geistlichen Führung treten.

Dem Psychologisieren, das zur großen Mode geworden ist, liegt der Trend zugrunde, alles messen zu wollen, also auch das Seelenleben des Menschen. Ernüchternd heißt es in einem diesbezüglichen Lehrbuch: „Im Sensibility-Training wird nichts gemessen – auch wenn der Begriff ‚Gramme' (Soziogramm, Infogramm) immer wieder auftaucht, das mit dem Messen in der Physik oder anderer Naturwissenschaften vergleichbar wäre. Das Messen in der Psychologie oder Soziologie ist eher mit einer Richtungs- und Tendenzanzeige vergleichbar."[2]

---

(1) Hierzu Georgi Schischkoff, Philosophisches Wörterbuch, 21. Aufl. – Stuttgart 1982, S. 561: „Seit Mitte des Jh.s breitet sich in Europa die amerikanische Psychologie aus, die mehr empirisch-psychometrisch und behavioristisch ausgerichtet ist, dadurch die Gefahren neuer Einseitigkeiten nach sich zieht ..."

(2) Marie-Louise Bodiker / Walter Lange, Gruppendynamische Trainingsformen, rororo 1976, S. 46

Bei den sehr unterschiedlichen Trainingsformen – die Vielzahl der Methoden hier aufzuzählen würde zu weit führen –, kommt es leicht zur Verletzung des Intimbereiches, so daß die Rede vom „Seelenstriptease" aufgekommen ist. So kann durch psychischen Druck eine *öffentliche Beichte* erzwungen werden, was sowohl peinlich als auch menschenunwürdig ist, abgesehen von den bleibenden Schäden, die ein solch erpresserischer Vorgang zu hinterlassen vermag. Dabei wird die Beichte usurpiert, das Sakrament der wahren Schuldbefreiung, das heutzutage leider auch von manchen Ordensleuten in seiner Bedeutung für das Ordensleben verkannt wird. Auch der Dominikaner Basilius Streithofen greift dieses Thema auf. Er schreibt: „In den sechziger Jahren kam ein neues pädagogisches Konzept in Mode, die Gruppendynamik. – Einige hielten die Gruppendynamik für die richtige Methode, um ihrem Orden eine neue Identität zu verschaffen, neue Normen für das klösterliche Zusammenleben zu finden und Konflikte zu regeln. Der hochangesehene Jesuit Ludwig schreibt: ‚Waren einst Gebet und Opfer die unstrittigen Pfeiler des Ordenslebens, so schwören heute aufgeklärte Söhne des Ignatius, Wissensgläubiger als Atheisten, auf Gruppendynamik und Sensitivity-Training'." [3]

In seiner Ansprache an die Generalversammlung der Konferenz der Ordensleute in Brasilien vom 11. Juli 1986 weist Johannes Paul II. in aller Deutlichkeit darauf hin: „In den Dokumenten des kirchlichen Lehramtes finden die Ausbildungskräfte immer den sicheren Weg der Lehre und des Lebens. Mit ihnen müssen sie sich identifizieren, um den jungen Ordensleuten den Sinngehalt und den konkreten Lebensstil des gottgeweihten Lebens nahezubringen. Das ist ein Recht, das geachtet werden muß, eine Erwartung, die nicht enttäuscht werden darf, damit das Ordensleben, ganz in die Kirche eingefügt, immer von eben der Wahrheit genährt wird, die die Kirche ihren Kindern vorlegt, damit sie keines ande-

---

(3) B. Streithofen, ebd., S. 102

ren als des einen Meisters Jünger seien, nämlich Christi." [4]
Und dann etwas später die Erklärung: „Die Einführung ins
Ordensleben schlägt fehl, wenn keine wirkliche Bekehrung
und *Option für Christus* stattfindet in Freiheit und in der
Erfahrung seiner Liebe." [5] (Anm.)

Kein geringerer als der Papst selbst, gibt den Ordensleuten
also zu bedenken: Eure *Erstoption* heißt Christus! Jede weitere
Option – mag sie noch so gut und erstrebenswert sein –, muß
an die zweite Stelle treten, selbst die Option für einen bestimmten Ordensstifter und sein Lebenskonzept. Das Leben
eines Ordensmitgliedes muß auf Christus ausgerichtet sein,
andersfalls verdient es nicht die Bezeichnung katholisches
Ordensleben.

Dabei gilt es zu beachten, daß diese Option von Christus
ausgeht, der die Grundregel jeglicher Berufung in seinen
Dienst klar herausgestellt hat: „Nicht ihr habt mich erwählt,
sondern ich habe euch erwählt" (Jo 15,16).

Nächst Christus sollte die Option einer Ordensperson der
Kirche gelten. Leider wird die Kirche von vielen – nicht wenige Ordensleute darunter – als eine häßliche Gouvernante angesehen, der es nur ums Reglementieren gehe, und die man
als sog. Amtskirche möglichst ignorieren und ausschalten
möchte. Viel Tiefes und Schönes hat das 2. Vaticanum über die
Kirche zum Ausdruck gebracht. So in Lumen Gentium: „Die
Kirche ist in Christus gleichsam das Sakrament, das heißt
Zeichen und Werkzeug für die innigste Vereinigung mit Gott
wie für die Einheit der ganzen Menschheit." Diese Sicht der
Kirche ändert natürlich nichts an der Tatsache, daß in ihr

---

(4) Der Apostolische Stuhl, Bachem 1986, S. 1516

(5) ebd., S. 1517

Anm.: Wenn man heute in Bereicherung der Bildhaftigkeit im Ausdruck vom „Aufhänger"
spricht, so meint man ein Stichwort, das als Gedankenträger fungieren soll, auf den
sich die Ausführungen beziehen. Eine solche Rolle spielt der Begriff „Option".

überall Spuren menschlichen Versagens erkennbar sind; doch wenn wir diese Spuren einmal näher untersuchten, würden wir auch unsere eigenen Fingerabdrücke entdecken.

Ein Ordensleben extra oder contra Kirche wäre eine Paradoxie; es ergäbe überhaupt keinen Sinn, weil das Bewußtsein der Sendung fehlte. Eine Berufung durch Christus in den Ordensstand kann niemals in einer Verweigerung Ihm selbst gegenüber bestehen, der sich mit der Kirche als seinen Leib – nach den Worten des Paulus – identifiziert (vgl. Kol 1,18). Ordensleben vollzieht sich nur sinnvoll im Arbeiten und Leiden in und an der Kirche, in der Hingabe an sie, wie sich Christus für sie hingegeben hat. So steht denn auch nicht von ungefähr am Anfang der Berufung des hl. Franziskus der erst wörtlich, aber dann später doch tiefsinniger verstandene Auftrag des Herrn an ihn: Stell meine Kirche wieder her!

Die Option für Franziskus, die hier als Fallbeispiel aus Gründen der Ordenszugehörigkeit des Verfassers gewählt wird, ist der nächste Schritt in eine weitere Option, die in der Bindung an die Ordensgründer und Lebensregel eines bestimmten Ordensstifters oder einer Ordensstifterin besteht.

Mit Recht bemerkt Koser: „Franziskus auf die moderne Zeit zu übertragen, ist ein recht heikles Unterfangen. An geglückten Teilversuchen fehlt es nicht. Ebensowenig fehlt es an Versuchen … die man eher als Verzerrungen denn als Übertragungen bezeichnen könnte."[6]

Ein Beispiel dieser Art liefert die Franziskusbiographie von Karl Ipser.[7] In stilechtem Journalismus wird hier mit der Wortgewandheit und -gewaltigkeit des schriftstellerischen Profi Franziskus zu einer Art Posaune von Jericho, die im

---

(6) C. Koser, a. a. O., S. 93

(7) Karl Ipser, „Franziskus, rette meine Kirche" Christiana-Verlag 1977

Gegensatz zum Titel „Franziskus rette meine Kirche" eine marode Kirche umstürzen soll. Rettung aber bedeutet doch wohl Heilung und nicht Umsturz, Ausbesserung und nicht Abbruch. Die sprachgewaltigen Pauschalierungen in diesem Buch werden dem Geschichtsbild der Kirche nicht gerecht wie auch ihrer jeweiligen Repräsentanten. Gewisse Kategorien des modernen Sprachgebrauches sollte man m. E. außer Betracht lassen, will man dem wahren Erscheinungsbild des Povorello gerecht werden und ihm keine Gewalt antun, und dazu gehören alle klassenkämpferischen Begriffe. Insofern kann nur dann die sog. „Befreiungstheologie" – auf ihren franziskanischen Hintergrund befragt – diesen bezeugen, wenn klargestellt ist, daß sie im Denken und Handeln des heiligen Vorbildes verankert ist, und ihm nicht einfach von außen als Etikett aufgeklebt wird, d. h. zu fragen ist nach der biblischen Relevanz, die so entscheidend ist für die Haltung des Armen von Assisi. Dessen einzige Absicht war, sein Leben konform mit dem Evangelium zu gestalten und seinen Inhalt in die Praxis umzusetzen, und das „sine glossa".

Eine Passage im Vorwort des Karl-Isper-Buches, das Bischof Graber von Regensburg schrieb, enthält eine kritische Anmerkung, in der sich wohl auch auf dieses Buch zu beziehende Kritik versteckt: „Die Geschichte des Franziskanerordens schon zu Lebzeiten des Heiligen, aber vor allem nach seinem Tode, ist eine Tragödie sondergleichen, und gewisse spiritualistische sektiererische Kreise bekämpften unter Berufung auf den Heiligen die römische Kirche als den Antichrist. Aber besteht die Gefahr, den Heiligen für eigene revolutionäre Gedanken zu vereinnahmen, nicht auch heute?"[8]

Manche Thesen über die hervorragende Gestalt eines Gottesmannes oder auch einer Gottesfrau werden wie die Entdeckung einer neuen Welt mit immensem Wortaufwand

---

[8] K. Ipser, ebd., S. 6

in die Welt posaunt; doch bei kritischer Überprüfung zerplatzen dieselben wie buntschimmernde Seifenblasen. Auch Franziskus war kein „Wunderkind", wenn auch die Gnade Gottes Wunder an ihm wirkte. Er war zunächst ganz „Kind seiner Zeit", die sich damals in einer ungeheuer dramatischen Umwandlung und Zerreißprobe befand, was auch die Kirche in Mitleidenschaft zog: einerseits die feudale Gesellschaft, in der Adel und aufkommendes Bürgertum um das Höchstmaß an Prunk und Einfluß wetteiferten, andererseits aber auch der von großen Gestalten wie Bernhard von Clairvaux, Anselm, Petrus Damiani u. a. ausgehende Reformgeist, der in die Nachfolge des armen Jesus und in die Kreuzesmystik drängte. Franziskus war Bewegter und Beweger zugleich, was den Franziskaner Johannes-B. Freyer zu dem Ergebnis führt: „ … daß Franziskus nicht mit der Kontinuität des religiösen Lebens bricht. Aber in seiner Person entfaltet sich großartig vollendet die Frucht der Zeitströmungen, die bereits andere bewegte."[9]

Die Option für einen Ordensstifter wie Franziskus muß die Option seiner Option sein; Franziskus entschied sich in einem schwierigen Bekehrungs- und Umwandlungsprozeß, von den Majores (Hochgestellten) zu den Minores (Niedriggestellten) abzusteigen, und das im Nachvollzug der Minoritas Christi, dessen, der sich aus Liebe selbst erniedrigte (vgl. Phil 2,5–11).

Franziskus lebte die Armut als persönliche Option, aber er ideologisierte sie nicht, indem er – wie später Marx – ein Klassenbewußtsein schuf, um Gräben zwischen reich und arm aufzuwerfen. Er selbst verbietet seinen Brüdern mit eigenen Worten jeglichen Klassenhaß: „Ich ermahne und warne sie, jene Leute nicht zu verachten noch zu verurteilen, die sie weiche und farbenfrohe Kleider tragen und auserlesene Spei-

---

(9) Johannes-B. Freyer OFM, Der demütige und geduldige Gott, 1991 Johannes-Duns-Skotus-Akademie, Mönchengladbach, S. 2

sen und Getränke genießen sehen; vielmehr soll ein jeder sich selbst verurteilen und verachten." [10]

Anspielend auf gewisse Strömungen in seinem Orden, kommentiert Koser diese Franziskus-Stelle wie folgt: „Sein Verzicht auf Reichtum, ohne die Reichen zu verurteilen oder ihre Werte zu verachten, und seine Hochschätzung der Armut, geboren aus dem Evangelium und dem Beispiel Christi, sind eine bleibende Lehre und ein anregendes Vorbild! Sie haben die Kraft, die Verzerrungen, Auswüchse und Irrtümer, die heute auf diesem weiten Gebiet auftreten, wirksam zu berichtigen." [11]

Man kann für etwas schwärmen, ohne existentiell betroffen zu sein. Leicht wird zu theoretischen Spielereien, was in die eigene Wirklichkeit nicht umsetzbar ist oder auch nicht angestrebt wird. Irgendwie leidet der Orden des heiligen Franziskus an dieser Diskrepanz, nicht erst heute, sondern durch seine ganze Geschichte hindurch. Und das hängt gewiß mit dem schwer nachahmbaren und fast unerreichbaren Beispiel und Vorbild des Stifters zusammen.

Jeder wird ein Bild in seinem Herzen tragen von dem, was ihm sein Ordensvater bedeutet. Als Lebensmuster mag dies nützlich sein; doch muß es immer neu in Frage gestellt werden, weil wir uns so leicht ein-bilden, das Rechte erkannt zu haben. Auch das von mir hier gezeichnete Bild muß auf diesem Hintergrund verstanden werden.

Die Option für Franziskus besteht in der Entscheidung für ein Lebensmuster, das jeder für sein Leben neu stricken muß, wobei es dem einen besser gelingt als dem anderen. Leitfaden dieses Musters war bei Franziskus zweifelsohne das evangeliumsgemäße Leben in Armut. Das Armutsideal spielte in

---

(10) Endgültige Regel, Kap. 2

(11) C. Koser, a. a. O., S. 112

seinem Leben eine so dominierende Rolle, daß er die Armut als seine „Braut" bezeichnete – wie Celano uns berichtet, – und weiter: „so daß er es nicht ertragen konnte, daß einer ärmer war als er selbst." Das läßt die Schlußfolgerung zu, daß es ihm mehr um die *„Option für die Armut"* als um eine solche für die Armen ging, was leicht in einen Gegensatz zur *„Option für die Reichen"* gebracht werden kann. Parteilichkeit ist jedoch etwas, was Franziskus mit seinem ausgeprägten Sinn für Brüderlichkeit und Versöhnungsbereitschaft zu entspannen, wenn nicht gar aufzulösen suchte. Nirgendwo entdecken wir in seinen Schriften oder auch in den Interpretationen seines Lebensstils von seiten der Biographen den Hinweis auf ein als parteilich einzustufendes Optionsbekenntnis, es sein denn seine Solidarisierung mit jeglicher Kreatur, in der sich ihm die Liebe des Schöpfergottes offenbarte, ausnahmslos jedes menschliche Wesen eingeschlossen. Franziskus wollte Universalbruder aller und von allen sein, alle in die Liebe zu Gott und den Mitmenschen heimführen, weil wir einen gemeinsamen Vater haben, der uns als Brüder und Schwestern miteinander verbindet.

Auch der mögliche Hinweis auf ein zeitgemäßes Franziskusverständnis, das sich eher an sozialen und umweltbezogenen Aspekten im Leben des Heiligen orientiert, ohne die *meta-physische* Komponente gebührend zu berücksichtigen, weil diese dem modernen Menschen weniger attraktiv erscheint, verletzt die Pflicht zur ganzheitlichen Darstellung. Immer schon hat die Gefahr der Vereinnahmung des Heiligen zur Rechtfertigung subjektiver Interessen bestanden, die auch heute wieder erkennbar wird, und dennoch keine tragfähige Grundlage für eine wirklich ernsthafte Nachfolge sein kann. Um aber jeder einengenden und vereinseitigenden Berufung auf den großen mittelalterlichen Christusnachfolger zu wehren, wäre es besser, von der „Option für Franziskus" zu sprechen, wobei alles eingeschlossen ist, was auch immer als bedeutsam sein Leben prägte. Und das sind doch eine ganze Palette von Dingen, die ihn bewegten, nicht zuletzt die *com-*

passio mit dem Gekreuzigten, die durch die Stigmatisation ihn ihm ähnlich machte. In dieser Zusammenschau wäre dann auch die „Option für die Armen" einzuordnen.

Die individuelle Prägung der Persönlichkeit des Franz von Assisi besitzt eine Einmaligkeit, die sich nur annähernderweise nachvollziehen läßt, doch niemals kopieren. Als großer Nachahmer in neuerer Zeit gebührt Charles de Foucauld (1858–1916) der Titel eines „alter Franziskus", so wie man Franziskus mit dem Titel „alter Christus" geehrt hat. Die Tuaregs in der früheren französischen Sahara, wohin er sich als Einsiedler nach seiner Bekehrung zurückgezogen hatte, nannten ihn den „Nachfolger Jesus". Worte des Charles de Foucauld könnten aus dem Munde des Heiligen von Assisi stammen: „Wir müssen zum Evangelium zurückkehren! Wenn wir das Evangelium nicht ausleben, lebt Christus nicht in uns. Wir müssen zur christlichen Einfachheit zurückkehren … Das ist die Heilung, die wir alle nötig haben!" [12] Zusammenfassend wird man sagen müssen: Eine Option für Franziskus, die jeder, der in seine Nachfolge eintreten will, vollziehen muß, wird im ständigen Offensein für gut begründete neue Erkenntnisse und überraschende Entdeckungen an seiner Persönlichkeit bestehen, ohne den historischen Boden bei der Wahrheitssuche zu verlassen.

Große Gründergestalten – und Franziskus ist ganz gewiß einer der bedeutendsten – haben sich in ihrem Leben niemals mit der *Routine* zufrieden gegeben; sie strebten stets dem *Ganzen* zu, das Jesus selbst mit dem Vollkommensein gleichsetzt, wenn dieses Ideal auch niemals und von niemandem in letzter Vollendung erreichbar ist. Dennoch müssen wir uns davor hüten, das reiche Erbe der Gründergeneration für den Gegenwartsgebrauch auf eine Weise auszufiltern, daß alles, was nach unserer Beurteilung für den heutigen Menschen „unzumutbar" ist, ausgesondert wird.

---

(12) Reinhard Frische, Wasser aus der Wüste, Brunnen Verlag Gießen 1983, S. 17

Die konstitutionelle Verfassung des Franziskanerordens hat im Laufe seiner jahrhundertelangen Geschichte viele Wandlungen durchlaufen, was schließlich nach orkanartigen Stürmen und Auseinandersetzungen zu Spaltungen führte, die sich bis heute auswirken. Der Ordenshistoriker Heribert Holzapfel bemerkt dazu: „Aufgrund der unterschiedlichen Strenge in der Auslegung der Regel und sonstigen Schriften des hl. Franziskus waren Parteiungen im Orden schon von den Anfängen an virulent. Es entwickelten sich daraus die sog. ‚Spiritualen'. Der Name Spiritualen wird von einigen aus dem 10. Regelkapitel (regulam spiritualiter observare) hergeleitet, wonach jeder Bruder das Recht habe, vom Obern Abhilfe zu fordern, sobald er aus irgend einem Grund, z. B. wegen einer Beschäftigung oder Umgebung, sein Seelenheil gefährdet glaubt." [(13)] Zu ihrer Beurteilung schreibt Holzapfel: „Man kann etwa sagen: Es gab unter den Spiritualen wahre Heilige neben unvernünftigen Fanatikern ... Die Observanten (strenge Beobachter der Regel, Verf.) sahen in ihnen gewöhnlich ihre Vorläufer und suchten sie daher in möglichst günstigem Licht darzustellen. Die Konventualen dagegen betrachteten ebenso irrtümlich die Anhänger der damaligen Kommunität (Anm.) als ihre Gesinnungsgenossen und nahmen daher eine schroff ablehnende Stellung gegenüber den Spiritualen ein" (ebd). Konstruktive als auch destruktive Kräfte sind seit Bestehen klösterlicher Gemeinschaften am Werk gewesen, haben ihre Entwicklung positiv als auch negativ beeinflußt. So zeichnet sich der Orden des hl. Franziskus in der Frühzeit durch Gestalten wie Antonius von Padua aus, der bis heute volkstümlich gebliebene Heilige, durch große Männer und Prediger wie Alexander von Hales, Johannes Peckam, David von Augsburg, Duns Skotus, Bonaventura und dem wortgewaltigen Berthold von Regensburg. Immer wieder hat es sich erwiesen, daß der Gehorsam gegenüber

---

(13) H. Holzapfel, a. a. O., S. 40

Anm.: Die Kommunität stand den Spiritualen gegenüber und war in eine gemäßigte und laxe Richtung gespaltet.

den päpstlichen Regelerklärungen der beste Garant für die Erhaltung einer gesunden Regelobservanz war, wenn auch nicht immer die Auffassungen der Päpste übereinstimmten und unparteiisch waren.

Im 16. Jahrhundert war die Aufsplitterung in drei getrennten Ordensfamilien, Franziskaner, Konventualen und Kapuziner vollzogen. (Anm.) Reformation, Aufklärung und die spätere Industrialisierung lenkten das Interesse auf neue Probleme, die Kirche und Orden von außen bedrohten. Das erforderte den apostolischen und sozialen Einsatz, der ein neues Denken und Verantwortungsbewußtsein auslöste, das zwar latent zu jeder Zeit im Franziskanerorden vorhanden war, aber nun zu einer breiten Bewegung besonders durch den enormen Zuwachs und Einfluß der sogenannten Dritten Orden oder Tertiaren in den vielen Neugründungen von franziskanischen Schwesterngenossenschaften, die kirchenrechtlich als regulierter Dritter Orden des Hl. Franziskus eingestuft werden, zutage trat. Zumal im 19. Jahrhundert entstanden zahlreiche franziskanisch geprägte Werke der Kranken- Alten- und Armenpflege, die sich mit Namen wie Franziska Schervier, Rosa Flesch und mit vielen anderen verbinden.

Am Ende des 20. Jahrhunderts müssen wir feststellen, daß die Blütezeit vor einer Art winterlichen Kälte gewichen ist, weshalb die Rede von der „winterlichen Kirche" aufgekommen ist. Man kann die Augen davor verschließen, und dennoch an der Tatsache nichts ändern, daß ein frostiges Verhältnis diejenigen entzweit, die das traditionelle Erbe der Kirche bewahrt wissen wollen und jenen, die die Spuren des Vergangenen und sog. Vorkonziliaren aus der Kirche tilgen möchten, um Raum zu schaffen für das, was sie sich als „neue" Kirche erträumen. Diese so grundsätzlich unterschiedlichen Positionen sind unüberbrückbar, weil es hierbei

---

Anm.: Auf dem Generalkapitel 1517, an dem alle Ordensobern teilnahmen, übertrug Leo X. das Genralat und das Ordenssiegel dem Observanten (Franziskaner).

um die Bewahrung oder auch Nichtbewahrung des Katholischseins der Kirche geht. Wer aber möchte bestreiten, daß dieser Kampf um den Bestand des Katholischen in unserer Kirche auch die klösterlichen Gemeinschaften spaltet, was nur überwindbar ist, wenn der Konsens zum gemeinsamen Gehorsam gegenüber den von Gott bestellten Trägern des Lehramtes zurückgewonnen wird.

Ein Orden ist auch immer „Kind seiner Zeit". Manche in früheren Zeiten heiß umkämpfte Streitpunkte werden heutzutage als reichlich überflüssig oder zumindest als sekundär eingestuft, wie die Frage ob Franziskus einen Bart getragen hat oder nicht. Die einzigartige Höhe und Vorbildlichkeit im Leben des Ordensvaters löste immer wieder Interpretationskämpfe aus, von der extremen Strenge bis zur moderaten und tolerierten Mittelmäßigkeit, von der leibverachtenden Askese bis zur Lebensanpassung an gut bürgerliche Verhältnisse. Gegen den fairen Wettkampf wäre nichts einzuwenden, wenn nicht das eintritt, was Franziskus als das „Nicht-mehr-katholisch-sein" bezeichnete; da war auch für ihn der Rubikon erreicht.

Ein ins Unkatholische verfälschte Franziskanertum würde der Kirche eher schaden als nützen. Es hätte „ausgedient"; es müßte sein Erbe an neue Bewegungen abgeben, die den Auftrag des Konzils, von der Quelle her Erneuerung zu betreiben, übernähmen.

Doch könnte meines Erachtens eine wichtige und zukunftsträchtige Aufgabe aller franziskanischer Gemeinschaften – ob männlich oder weiblich – darin bestehen, Möglichkeiten der Zusammenlegung ernsthaft zu erwägen, zumal der Mitgliederschwund eine immer größer werdende interprovinzielle Hilfe erforderlich macht. Und nicht nur von der Regel, sondern auch von den Konstitutionen her gesehen, gibt es in den franziskanischen Familien kaum noch nennenswerte Unterschiede, die ein weiteres – wenn auch nur äußerliches Getrenntsein – rechtfertigen. Es würde zu weit führen, an dieser Stelle den Versuch zu machen, durch eine textvergleichende Analyse der für die drei franziskanischen Ordenszweige momentan gültigen Ordensstatuten, den Beweis für die Angleichung zu erbringen. Ebenfalls gibt es in den verschiedenen Oboedienzen dasselbe Phänomen einer positiven als auch negativen-kritischen Einstellung zur Kirche, wobei zwischen einer gesunden, um Objektivität bemühten Kritik – wie sie auch das Konzil befürwortet – und einer destruktiven, das „sentire cum ecclesia" vermissenden Opposition zu unterscheiden wäre.

Der Zeitpunkt scheint gekommen, das zu überdenken, was PC Nr. 22 der Überprüfung empfiehlt: „Wo es angebracht erscheint, sollen Institute und Klöster eigenen Rechts, die irgendwie zur gleichen Ordensfamilie gehören, mit Gutheißung des Heiligen Stuhles Föderationen untereinander anstreben oder Zusammenschlüsse, wenn sie nahezu gleiche Satzungen haben und ihre Gebräuche vom selben Geist beseelt sind – zumal wenn ihre Mitgliederzahl sehr gering ist, oder Arbeitsgemeinschaften, wenn sie sich den gleichen oder ähnlichen äußeren Aufgaben widmen."

Ein zur Nüchternheit gebietendes Faktum soll aber in diesem Zusammenhang nicht verschwiegen werden: Ohne Wiedergewinnung einer grundkatholischen Haltung, die in der Liebe zur realexistierenden Kirche besteht und nicht hinter Traumbildern herrennt, denen das „fundamentum in re" fehlt, wird der daraus resultierende Spaltungseffekt jedes Bemühen um die konstruktive Gemeinschaftsbildung vereiteln, wie immer diese auch geplant wird.

Das geistliche Fundament muß also stimmig sein; schwerwiegend divergierende Auffassungen in ein und derselben Gemeinschaft spalten nicht nur und würden das hervorbringen, was Karl Rahner als „kasernierte Einsiedler"[14] bezeichnet hat, sondern wären auch uneffektiv und für Außenstehende unglaubwürdig. Wenn man das Jesuswort „An ihren Früchten werdet ihr sie erkennen" (Mt 7,16) als Maßstab für die Entwicklung der Orden ansetzt, so zeigt sich nicht nur an der Spärlichkeit des Ernteertrages, sondern auch an der *Qualität der Früchte*, daß mit dem Baum etwas nicht stimmt. Das kann umweltbedingt sein, aber es kann auch an einer Erkrankung des Baumes selbst liegen. In beiden Fällen wäre eine Kur fällig.

Das Ordensleben an sich muß nicht deshalb sterben; es kann in neueren Formen wiedererstehen.

---

(14) Vgl. Corona Bamberg OSB, Lernprozeß Ordensgemeinschaft, Kyrios-Verlag 1973, S. •

2. Demokratie oder Theokratie?
(Horizontale oder Vertikale)

> *„Die Kirche ist nämlich nicht Demokratie, son-*
> *dern Christokratie, d. h. eine Gemeinschaft, die*
> *nicht menschlicher Initiative ihr Dasein ver-*
> *dankt, sondern Jesus Christus, ihrem Herrn."*
>
> (Kardinal Wetter)

Entwicklungen in Welt und Kirche lassen die Orden nicht unberührt; ganz im Gegenteil: weil sie eine Art Hochburgen des religiösen Lebens sind oder doch wenigstens sein sollten, werden die klösterlichen Gemeinschaften zum Haupt-angriffsziel in Zeiten des religiösen Niederganges, öffentli-cher Intoleranz und säkularistischer Bestrebungen. Sie wer-den als Fremdkörper einer aufgeklärten, sich selbst genügenden Menschheit angesehen und kaum noch als will-kommene Zeugen eines konsequent gelebten Christentums, das durch seine Ausstrahlungskraft dem Glaubensschwa-chen Halt und für den Gottsuchenden und Gottverbundenen Ort der Gottesbegegnung und der religiösen Erneuerung und Festigung ist.

Tatsachen lassen sich nicht leugnen, auch wenn sie noch so bitter sind wie der Umstand, daß die Orden von der gleichen Erschütterung betroffen sind, wie sie die Gesamtkirche durchbebt, obwohl wir nicht dem Fehler der Verall-gemeinerung verfallen sollten, denn Gott sei Dank existieren auch heute noch zahlreiche Abteien, Klöster und Nieder-lassungen, die als Oasen in einer wachsenden Wüste des Heidentums den Wüstenwanderern erhalten blieben, wo sie aus frischen Quellen auftanken können.

Dennoch verschont uns nicht das andere unbestreitbare Faktum, daß immer mehr solcher Kraftquellen versiegen, sei es aus Nachwuchsmangel oder auch durch die Erosion des religiösen Lebens, wodurch die Stätte der Gottbegegnung zu einer profanen, zwischenmenschlichen Begegnungsstätte entwertet wird.

Und damit sind wir beim Thema! Schon auf dem Konzil gab es Kräfte – auch solche aus dem Ordensstand – die die Chance für gekommen hielten, die Struktur der Kirche in Richtung Weltoffenheit zu verändern. Alles sollte aus ihr entfernt werden, was von theologischen Experten als überholt erklärt wurde. (Anm.) Doch im Endergebnis stellte sich heraus, daß Gott seine Hand über der Kirche hielt und sie auf diese Weise vor schwerwiegenden falschen Entscheidungen bewahrte. Daß dies den Heißspornen, die mit Brecheisen der Kirche zu Leibe rückten, nicht gefallen würde, war abzusehen, aber auch, daß sie nun mit dem Untergrundkampf beginnen würden, der einerseits mit den Waffen der Sabotage durch die Gehorsamsverweigerung Papst und Bischöfen gegenüber und durch Beschimpfungen und Verleumdung der eigenen Kirche in der Öffentlichkeit geführt wird. Netzwerk oder Vernetzung wird diese innerkirchliche Konspiration genannt. Und weil sie in der Kirche fast nur auf Gegner als Einzelkämpfer treffen, wagen sich die Neuerer immer weiter vor. Ihre verführerische Parole heißt: *Demokratisierung!* Allen müsse ein Mitspracherecht in der Kirche eingeräumt werden, das Hierarchische System in ein „geschwisterliches" umgewandelt werden! Dabei unterschlagen sie, daß sie eigentlich nur den eigenen Willen und die eigenen Auffassungen durchzuboxen beabsichtigen.

Anm.: Avantgardisten unter Ordensseelsorgern haben vielfach als Multiplikatoren modernistischer Ideen in Volksmissionen und Exerzitien der nachkonziliaren Zeit gewirkt. So kam es in manchen Gemeinden zum Abbruch der Beichtpraxis durch den Hinweis eines Volksmissionars, die persönliche Beichte sei in vielen Fällen überflüssig, so daß man sich mit einer Bußandacht begnügen dürfte. Schloß dann eine solche neuartige Volksmission mit der Bußandacht, so verbreitete sich die Meinung im Volke: Man braucht nicht mehr zu beichten!

Die im politischen Bereich anerkannte Souveränität des Volkes, die in jüngster Zeit mit dem Ruf „Wir sind das Volk" proklamiert wurde und alle Gewalt, zumindest aber das Recht, durch Wahl die Träger der Gewalt zu bestimmen, einfordert, wird auch im kirchlichen Bereich immer lautstärker erhoben, zumal wenn Bischofsernennungen anstehen.

Gewiß, auch im kirchlichen Sprachgebrauch kommt das Wort Volk vor, aber immer nur in der Zusammensetzung von „Volk Gottes". Mit diesem Besitz anzeigenden Gottesbezug verlagert sich die Souveränität vom Volk auf Gott, der schon im Alten Bund sich ein Volk erwählte und seine alleinige Souveränität über dieses Volk mit dem Hinweis „Ich bin der Herr, dein Gott" (Ex 20,2) feierlich proklamierte. Volk Gottes sein heißt: Anerkennung der *Suprematie Gottes* über alle Belange des Lebens dieses Volkes. Auch das Volk Gottes des Neuen Bundes, Kirche genannt, was sich von dem griechischen Wort „kyriakos" – dem Herrn gehörig – ableitet, ist dadurch Christokratie. Die frühchristliche Kirche brachte diese Überzeugung durch die Bezeichnung der Gotteshäuser als „Basilika" oder dem in königlichem Gold erstrahlendem Mosaik des „Christus Pantokrator" in den Apsiden zum Ausdruck. „Der im Zentrum der Verkündigung Jesu stehende Begriff der ‚basileia tou theou' reicht tief ins alttestamentliche Judentum hinein. Dort schon steht das ganze Volk unter der Herrschaft Gottes, das Könighaus eingeschlossen." [15]

Das Mittelalter hat zwar mit der betonten Hinwendung zur Passio das Menschsein Jesu mehr hervorgehoben, doch ohne Herabsetzung seiner Gottheit und königlichen Würde. Dies gilt auch für die Armutsbewegungen, die den Jesus der Evangelien als „Ecce homo" neu entdeckten und in ihrer Askese nachahmten.

---

(15) LThK 2, S. 25 ff)

Obwohl die Kirche noch nicht im Vollsinn „Reich Gottes" ist, so ist sie dennoch auf die „Basileia" hingeordnet, doch nicht in dem negativen Sinne und Verständnis von A. Loisy: „Jesus kündete das Reich Gottes an, und die Kirche war's, die kam." Demgegenüber gilt, daß es im NT keinen Anhaltspunkt für einen Gegensatz, wohl aber einen Unterschied zwischen Kirche und Reich Gottes gibt.

Weil in der Demokratie das *Gesetz der Mehrheit* für irgendwelche Beschlüsse gilt, diese aber nicht an der Wahrheit, sondern höchstens an einem Grundgesetz orientiert sein müssen, das sich wiederum die Mehrheit gegeben und durch Mehrheitsbeschluß – wenn auch eine größere Zustimmung erforderlich ist – geändert werden kann, ergibt sich für die Kirche, daß für sie nur bedingt ein solcher Abstimmungsprozeß in Frage kommt. Denn sie ist an die „Lex divina" gebunden, an das unabänderliche Gesetz Gottes und nicht an das Votum der Mehrheit. Der Wille Gottes ist für sie entscheidend, die Wahrheitsfindung in Christus vor der „Öffentlichen Meinung".

Das verbietet allerdings nicht die Nutzung demokratischer Spielregeln, wie sie bei der Papstwahl und sonstigen innerkirchlichen Prozessen üblich sind. Entscheidend ist die rechtliche Grundlage, denn kirchliches Recht darf nicht vom göttlichen abgekoppelt werden.

Sobald aber in Anwendung des Majoritätsprinzips das Mehrheitsvotum der Theologen für die Wahrheitsfindung zum höchsten Kriterium erhoben wird, oder auch ein demoskopischer Befund, dem eine Volksbefragung zugrunde liegt, über strittige Fragen der Lehre oder Disziplin entscheiden soll, vollzieht sich die Usurpation göttlichen und kirchlichen Rechtes, die jene Krise bewirkt hat, in der sich heute Kirche und Orden befinden. Der weit verbreitete Mangel an Subordinationsbereitschaft, die im Wesen von Theokratie und Christokratie liegt, hat Kirche und Orden einer fast kaum

noch zu zügelnden Disziplinlosigkeit ausgesetzt. Eine neuartige Gefolgschaftstreue hat sich herausgebildet, nämlich die
nicht selten in Erscheinung tretende *blinde* Gefolgschaft der
Usurpatoren kirchlicher Lehrbefugnis. Was an Pseudokirche
entsteht, trägt gegen alle Beteuerung des Gegenteils die Züge
von Intoleranz und Dialogverweigerung, genau das, was den
sog. Fundamentalisten in die Schuhe geschoben wird. Die
Kirchenneuerer liebäugeln zwar mit Vertretern unterschiedlicher und manchmal auch gegensätzlicher Richtungen von
Religion und Ideologie, während jene, die der Kirche die
Treue halten wollen von ihnen bespöttelt, wenn nicht gar
bekämpft werden; sie lieben häufig mehr das Geglitzer der
Welt als die Perlen, die man nach Jesu Warnung nicht vor die
Säue werfen soll (vgl. Mt. 7,6).

Ein furchtloser und unermüdlicher Mahner in unserer Zeit,
Prof. Georg May, warnt denn auch eindringlich vor den
Demokratisierungstendenzen in der Kirche: „Die Forderung
nach Demokratisierung der Kirche kommt aus trüben
Quellen. Hinter ihr steht keine hinreichend religiöse
Substanz, kein wahrhaft geistlicher Impuls. Sie erwächst einmal aus dem ängstlichen Bemühen gewisser Theologen, ja
nicht hinter der Zeit zurückzubleiben, die demokratisch ist.
Wie der Glaube und das Leben der Kirche ‚zumutbar' gemacht werden sollen für den bequemen, mit der Immanenz
durchaus zufriedenen mitteleuropäischen Wohlstandbürger,
so auch die Struktur der Kirche." [16] Demokratisierung bewirkt zwangsläufig Parteienbildung, denn wo kein von allen
akzeptiertes Konzept vorhanden ist, muß dies erst über die
Bildung von Parteien gewonnen werden. „Die Demokratie ist
notwendig und unvermeidlich ein Parteienstaat. Werden erst
einmal Parteien zugelassen, ist eine Mehrheit von Parteien
unerläßlich, weil nur dadurch ein gewisser Schutz vor der ab-
solutistischen Herrschaft einer Partei gewährleistet werden

---

(16) Georg May, Demokratisierung der Kirche, Möglichkeiten und Grenzen, Verlag Herold
1971, S. 155–156

kann."[17] Ferner: „Wo Parteien sind, ziehen sie faktisch die Macht an sich … Wer einer Partei angehört, wird auf deren Richtung verpflichtet. Für die Abgeordneten dieser Partei ergeben sich daraus das (von der Parteileitung) erteilte imperative Mandat und der Fraktionszwang."[18] (Anm.)

Daß Parteienbildung in der Kirche unzulässig ist, hat Paulus in seiner Schelte an die Korinther zum Ausdruck gebracht: „Ich ermahne euch aber, Brüder, im Namen Jesu Christi unseres Herrn: Seid alle einmütig, und duldet keine Spaltungen unter euch; seid ganz eines Sinnes und einer Meinung. Es wurde mir nämlich, meine Brüder, von den Leuten der Chloë berichtet, daß es Zank und Streit unter euch gibt. Ich meine damit, daß jeder von euch etwas anderes sagt: Ich halte zu Paulus – ich zu Apollo – ich zu Kephas – ich zu Christus. Ist denn Christus zerteilt?" (1 Kor 1,10–13). Wenn heute die Angst in der Kirche hierzulande umgeht, es könne zu Spaltungen kommen, so wird bei einer zu weit gehenden Demokratisierung der Kirche diese Gefahr wachsen. Zumal dann, wenn die mäßigenden und ausgleichenden Kräfte an Einfluß verlören, müßte dies Aufwind für die radikalen Randgruppen bedeuten. Es muß die Sorge auch gerade der Kirchenleitung bzw. Ordensleitungen sein, nicht dem Druck jener nachzugeben, die alles bekämpfen, was ihren liberalen und modernistischen Anschauungen widerspricht und zu verhindern, daß jene, denen das ganze Erbe der Kirche zu bewahren Herzensanliegen ist, ihr Heimatrecht in der Kirche verlieren. Es könnte ansonsten die Leere in unseren Kirchen noch gähnender werden und der seelenlose Aktionismus sich noch mehr verstärken. Und gerade den Ordenschristen fiele

---

(17) G. May, a. a. O., S. 86

(18) G. May, a. a. O., S. 88

Anm.: Mehr noch als die soziale Parteilichkeit führt die politische zu Spannungen in einer religiösen Gemeinschaft, weil sie sich hier am wenigsten privatisieren läßt, sondern bewußt oder auch unbewußt das Denken als auch das Gespräch steuert, ja sehr häufig in die Verkündigung einfließt, die dann allzuleicht für die politische Agitation mißbraucht wird.

die Aufgabe zu, diesem gefährlichen Trend der Verweltlichung durch eine authentische katholische Spiritualität entgegenzuwirken. Aber auch die Stärkung des päpstlichen Primates ist ein Gebot der Stunde, weil nur im gemeinsamen Gehorsam gegenüber dem Oberhaupt der Kirche die innerkirchliche Einheit Bestand haben kann.

In früheren Zeiten dienten die Orden der Stabilisierung der kirchlichen Einheit durch ihre verläßliche Treue zum Petrusamt. Leider ist dieser Gehorsam ins Wanken geraten, ist das oppositionelle Verhalten vieler Ordensleute gegen die kirchliche Disziplin zum großen Ärgernis geworden, was auch die Nachwuchschancen tangiert. Denn Ordensgemeinschaften gelten beim gläubigen Kirchenvolk immer noch als Eliten des geistlichen Lebens, die durch Lebensstrenge und Glaubenstreue die Kirche vorbildlich repräsentieren. Ist dies aber nicht mehr so, entzieht man sich selber den Boden der Existenzberechtigung und -fähigkeit.

Der Spaltung geht die Polarisierung voraus: auf verschiedene Weise kann ein unversöhnlicher Gegensatz entstehen zwischen horizontaler und vertikaler Schwerpunktverlagerung, zwischen dem human geprägten Naturalismus und sakramental ausgerichteten Supernaturalismus, oder auch wie es die Benediktinerin Corona Bamberg ausdrückt: zwischen vertikalem Sternverkehr und zwischenmenschlichem Kreisverkehr."[19] Die Ordensfrau spricht damit den Versuch einer Art „kopernikalischen Wende" an, d. h. die Ablösung des theozentrisch orientierten Ordenslebens durch das anthropozentrische Lebensmuster. Constantin Köser, der ehemalige Ordensgeneral der Franziskaner, der schon im Titel seiner Schrift „Unser Leben mit Gott in der Welt von heute" den entscheidenden Akzent gesetzt hat, warnt denn auch vor der Tendenz des Horizontalismus, der ihm in seinem Orden nicht verborgen blieb: „Viele sind zu der Überzeugung

---

(19) C. Bamberg, a. a. O., S. 29

gelangt, es sei allein wichtig, den Menschen in dieser gegenwärtigen Welt zur Entfaltung zu bringen; es lohnt sich nicht,
die Zeit an eine andere Welt zu verschwenden: kein Leben mit
Gott, keine jenseitige Welt, weder Religion noch Christentum.
Absolute Diesseitigkeit! Jeder Gedanke, jeder Augenblick, jeder Kraftaufwand, der nicht auf die heutige Welt des
Menschen und auf die Verbesserung der menschlichen Lage
abzielt, gilt als schädliche ‚Verfremdung'. Das ist der Sinn des
radikalen Horizontalismus, der heute immer mehr an Boden
gewinnt ... In größerem oder geringerem Ausmaß fand diese
Philosophie Eingang auch in das Denken vieler Christen. Sie
erfaßte sogar viele Priester und Ordenschristen, vergiftete
ihren Glauben, schwächte ihre Überzeugungen, stellte ihre
Verpflichtungen und Seinsweise in Frage, zersetzte ihre Kraft
für den seelsorglichen Einsatz, lenkte ihr Interesse von Gott
und dem Leben mit Gott ab." [20]

Kirchlich-offenbarungsgemäßes Denken findet sich in der
Kohärenz von oben und unten, diesseits und jenseits, wie es
exemplarisch die Zehn Gebote verdeutlichen, mehr noch das
Gott-Mensch-Sein Jesu und lehrmäßig die von ihm zur
Synthese vereinte Gottes- und Nächstenliebe in das eine und
wichtigste Gebot. Die Synthese zwischen gott-nah und welt-
haft herzustellen, wird die immerwährende, aber nicht leicht
zu lösende Aufgabe des religiösen Lebens bleiben, wobei die
Eigenart des klösterlichen und an die Gelübde gebundenen
Lebens nicht außer acht gelassen werden darf im Sinne von
Koser: „Der heilige Franziskus kannte keine rein natürliche
Bruderschaft mit ausschließlich horizontalen Bezügen. Für
ihn erwuchs sie aus dem Leben mit Gott innerhalb der
Kirche." [21] Und ferner mit dem Hinweis auf Artikel 6 der
Konstitutionen: „Der Orden soll sich in seinem Leben den
Bedingungen einer sich ständig in Entwicklung befindenden
Welt anpassen, geführt von Auffassung und Lehre der Kirche,

---

(20) C. Koser, a. a. O., S. 33

(21) C. Koser, a. a. O., S. 105

gestützt auf die Ordensregel, die gesunde Tradition und die Schriften des hl. Franziskus und seiner bewährten Söhne. Hier ist der Punkt, wo ‚Vertikale' und ‚Horizontale' sich treffen, wo das Leben mit Gott und der liebevolle Dienst an den Mitmenschen ineinander übergehen." [22]

Man sollte sich aber in Ordenskreisen darüber im klaren sein, daß die vermehrte Anwendung von demokratischen Spielregeln kein Allheilmittel ist und schon gar nicht das Charisma und die von ihm ausgehenden spirituellen Impulse ersetzen kann. Demokratien neigen dazu, durch ein immer enger geknüpftes Netz von Gesetzen das Leben in der Gesellschaft zu harmonisieren, um so den Idealstaat zu entwickeln, der jeden Bürger mit Hilfe dieses Netzes in jeder Lebenssituation einfängt und schützt.

Das Ordensleben ist auf die Führung Gottes angewiesen, auf göttliche Inspiration, die nicht immer an den Statuten ablesbar ist und manchmal ohne schützendes Netz ausgeführt werden muß, soll die Berufung nicht im Alltäglichen verflachen. Gewiß, jeder Mensch hat ein Absicherungsbedürfnis – auch im Orden –, und umgekehrt auch jeder Orden gegenüber seinen Mitgliedern, doch darf dies nicht zum Hindernis für mutige Initiativen werden, die eben nicht durch Statuten „abgesichert" sind.

Und noch etwas: Es sind nicht immer Mehrheiten, die den besseren Weg anzeigen, sondern häufig ist es die Weisheit einzelner oder auch von Minoritäten, denen man den Vorzug geben müßte. Gerade heute aber, wo so vieles von so vielen auch im Ordensleben in Frage gestellt wird, fallen auch die Antworten verschieden aus. Das aber macht es notwendig, dem einzelnen für seine geistliche Option mehr Spielraum zu geben. Dazu zählt auch die Duldung einer gewissen Pluralität in den Hausgemeinschaften, die nicht allein nach funktiona-

---

(22) C. Koser, a. a. O., S. 124

102

len Bedürfnissen zusammengesetzt werden dürfen; nur dann verdienen sie die Bezeichnung Kommunität, wenn ein gewisser Einklang der Gesinnungen und Herzen vorhanden und erkennbar ist, oder anders gesagt, wenn der Konvent auf einer tragfähigen Konvention gründet. Jedenfalls müßte vermieden werden, daß durch die „sub oboedientia" verpflichtenden Versetzung in einen Konvent eine unerträgliche Gewissensbelastung entstünde.

3. Ordensspiritualität und Askese

„Die Frucht des Gebetes ist Glaube,
die Frucht des Glaubens ist Liebe,
die Frucht der Liebe ist Dienst,
die Frucht des Dienens ist der Friede,
den unsere Welt so sehr braucht."

Mutter Theresa

Die Option für eine Ordensgemeinschaft hängt entscheidend von deren Spiritualität ab, ja, sie darf nicht allein von anderen imponierenden Spezifika wie Ordenskleidung, Chancen einer interessanten Betätigung oder dergleichen ausgehen.

Die wesenseigene Spiritualität einer Ordensgemeinschaft ist von der Gründung oder Stiftung her vorgegeben und schlägt sich in Regel und Statuten nieder. Sie von Fremdelementen zu reinigen als auch von zeitabhängigen Eigenarten, war die Aufgabenstellung des Konzils an die Institute des Ordenslebens, nicht aber eine neue Spiritualität zu entwickeln, die als zeitgemäß den Erwartungen des heutigen Menschen zu entsprechen habe. Die „adaptata renovatio" kann und muß wohl nach der Intention des 2. Vatikanum so verstanden werden, daß die Ordensgemeinschaften sich um eine „passende" oder auch „angemessene", auf Regel und Statuten bezogene Erneuerung bemühen, d. h. durch Neuformulierungen die Statuten im Einklang mit der ursprünglichen Spiritualität dem heutigen Menschen verstehbar und vollziehbar machen. Gewiß können und dürfen bei diesem Prozeß auch „Elemente einer neuen Spiritualität einfließen" wie Alois Kraxner CSSR die Vorgänge in seiner Genossenschaft als Buchtitel formuliert hat.[23]

Mir scheint, daß die in nachkonziliarer Zeit durchgeführten demoskopischen Befragungen nach der Meinung der Basis bezüglich bestimmter Fragen wenig hilfreich waren, denn die Auswertungen ergaben einen Katalog von verschiedenen Auffassungen und Ansichten, die nicht nur manchmal widersprüchlich, sondern in ihrer Fülle kaum zu berücksichtigen waren. Veränderungen können aber auch einen solchen Umfang annehmen, daß die Beheimatung älterer Ordensmitglieder in Frage gestellt wird, was übrigens auch für das

---

(23) vgl. Alois Kraxner CSSR „Elemente einer neuen Spiritualität", Herder 1977

allgemeine kirchliche Leben gilt; als geglückt kann nur eine solche Reform gewertet werden, die den älteren die Beheimatung beläßt und den jüngeren sie neu schenkt: Ordenserhaltend kann nur die Synthese von alt und neu sein!

Nach dem neuen Ordensrecht zeigt sich die Kirche sehr aufgeschlossen für neue Formen des Lebens nach den Gelübden im Gegensatz zum 4. Laterankonzil (1215), das verbot, neue Orden zu gründen. Can 577 bezeugt es: „In der Kirche gibt es zahlreiche Institute des geweihten Lebens, die unterschiedliche Gaben haben gemäß der ihnen verliehenen Gnade: sie folgen Christus besonders eng nach, nämlich wie er betet, oder wie er das Reich Gottes verkündet, wie er den Menschen Wohltaten erweist oder mit ihnen in der Welt Umgang pflegt, dabei jedoch immer den Willen des Vaters erfüllt."

Erklärterweise (PC Nr. 19) soll nach dem Willen der Kirche dies aber keine Einladung zu einer unnötigen Vermehrung der Institute durch Neugründungen sein, andererseits dem Hl. Geist kein Hindernis für Neuaufbrüche in den Weg stellen.

Für alle Ordensinstitute ist die Nachfolge Jesu, wie sie in der Schrift aufgezeichnet und von der Kirche verstanden wird, die gemeinsame Grundlage für ihre Spiritualität. Ohne Willen zur Nachfolge Jesu, wie sie zunächst von den ersten Jesusjüngern praktiziert wurde, verlöre das Ordensleben seinen Sinn und könnte nicht mehr als christliche Lebensgemeinschaft gelten. Daran ändert nichts die Besonderheit einer Gemeinschaft, die, je nach der Akzentsetzung, einmal mehr kontemplativ geprägt und ein andermal vorzüglich charitativ aktiv ist. Im Grunde genommen ist es ein und dasselbe Apostolat unter verschiedenen Formen, die den besonderen Charakter einer Ordensgründung oder auch einer Einzelberufung ausmachen. Hervorzuheben ist die Bedeutung des Gebetsapostolates, das nach den Worten Johannes Paul II. das „erste und wichtigste Apostolat" sei.

Im technischen Zeitalter, in dem alles „funktionieren" soll, besteht die Gefahr, den Wert des menschlichen Lebens danach zu bemessen, welche „Leistungen" es erbringt. Auch im Bemessen der Ordensnützlichkeit kann das Funktionale eine Überbetonung erfahren. Dabei wird der Selbstwert des gottgeweihten Lebens unterschätzt. Die „devotio", durch die das ganze Leben Gott verfügbar gemacht wird, erschöpft sich nicht in erbrachter Leistung, selbst wenn es sich hierbei um ein überdurchschnittliches Gebetspensum handelte, sondern hat in sich als „vita devota" den Wert des verborgenen Schatzes, den nur die Liebe hervorzubringen vermag. Einfach auf die Formel gebracht: Gott ist für mich da, ich bin für Gott da! Hierbei spielt die biblische *Braut-Bräutigam-Mystik* eine Rolle, die typisch für das Gottesverhältnis des Religiosen sein sollte.

Soll das religiöse Gemeinschaftsleben nicht dem Fetisch des Organisatorischen erliegen, ist die Rückbesinnung auf das eigentliche *Lebenszentrum* christlicher Gemeinschaft gefordert, das ist der lebenschaffende Geist Gottes, der „alles neu macht" (vgl. Offb 21,5), im Sinne der Zurückführung in das Ursprüngliche und nicht – wie fälschlich angenommen – im Sinne ständiger Veränderung.

Bei der Suche nach der klassischen Bestimmung des Begriffes „Spiritualität" stößt man im LThK enttäuscht auf einen Pfeil mit dem Hinweis „Frömmigkeit". Doch wie Anton Rotzetter bemerkt, „eignet sich der deutsche Begriff Frömmigkeit bloß dann zur Bezeichnung der mit ‚Spiritualität' gemeinten Sache, wenn man zurückfindet zur ursprünglichen Bedeutung des Wortes. Dann besagt es weder eine reine Innerlichkeit noch eine exklusive Gottbeziehung im Sinne der Gottesfurcht, sondern ‚die in der Begegnung mit Gott gewonnene Lebenstüchtigkeit' (Auer)."[24] Mir scheint, daß der Begriff „Geisteshaltung" dem näher kommt, was mit Spiri-

---

(24) Anton Rotzetter (Hrsg.), Geist wird Leib, Benziger 1979, S. 20

tualität gemeint ist. Auch die Frömmigkeit einer Gemeinschaft wird von ihrer Geisteshaltung geprägt. Nach Bonaventura gibt es vier Ausgestaltungen der im Lateinischen mit „pietas" bezeichneten Frömmigkeit: 1. die *Hingabe an Gott* (devotio), 2. die *Kreuzesnachfolge* (compassio), 3. die *Solidarität mit dem Nächsten* (condescensio) und 4. die *Versöhnung* (reconciliatio).[25] Die echte christliche Spiritualität ist zugleich eine biblische, denn was das Leben des Christen – vor allem aber der Ordensperson bestimmt – muß sich von der Bibel ableiten lassen: „Spiritualität könnte dann definiert werden als subjektiv engagierte Aneignung der heiligen Schrift für die Lebensdeutung, die Lebenspraxis und Lebenserwartung." [26]

Die Spiritualität einer Ordensgemeinschaft ist unverkennbar geprägt von den zur Gründerzeit herrschenden Geistesströmungen. So konnte Franziskus seinen Ordensgeist in einer Zeit entfalten, in der das Wort Gottes und seine Auslegung durch die Kirche allgemein anerkannt wurde und es im großen und ganzen nur um die Ernsthaftigkeit der Befolgung ging. Ganz anders war das zur Zeit des Ignatius, der dem Sturm der Reformation ausgesetzt war und deshalb seinen Orden zu einer Gruppe von Kämpfern zum Schutz von Kirche und Glaube mobilisierte. In dieser Tradition stehen auch die Ordensneugründungen unserer Zeit, die ebenfalls geprägt sind von einer unverwechselbaren zeitbedingten Spiritualität. Von daher läßt sich die Problematik verdeutlichen, die in der Aufgabenstellung durch das Konzil an die alten Orden besteht, ihre Spiritualität auf *Zeitgemäßheit* zu überprüfen.

Die Gretchenfrage an die Orden lautet also: Wie kann die altüberlieferte Spiritualität heute noch „vermarktet" werden? Daß der Ausdruck „vermarkten" nicht als deplaziert angese-

(25) A. Rotzetter, a. a. O., S. 20

(26) ebd. S. 21

hen werden muß, zeigt die Tatsache, daß viele Institute die Mittel der Werbung einsetzen, um auf sich aufmerksam zu machen und das Interesse an ihrer Gemeinschaft zu wecken. Häufig ist eine solche „Das sind wir"-Darstellung mit Angeboten zum Kennenlernen in Form von „Kloster auf Zeit"-Hinweisen versehen.

Doch läßt sich schon heute ernüchtert feststellen, daß das Instrument der Medienwerbung sich nur bedingt für Ordensgemeinschaften eignet. Manch einer mag interessiert zur Kenntnis nehmen, was es da alles an Angeboten gibt, doch zum Eintritt disponieren – dazu gehört mehr, und zwar dasjenige, was wir aus der Werbung Jesu erfahren, der auf die Frage der ihm nachfolgenden Johannesjünger „Herr, wo wohnst du?" die Antwort gab: „Kommt und seht!" (Joh 1,38–39). Was Jesus also anbietet, das „läßt sich sehen". So wird sich auch jede werbende Ordensgemeinschaft nach ihrem „An-sehen" fragen lassen müssen, von dem die eigentliche werbewirksame Kraft ausgeht. Die Reklame muß also eine überzeugende Spiritualität sein, die als „Licht auf dem Scheffel" (Mt 5,15) durch ihr Dasein und Sosein derart strahlt, daß sie auf den potentiellen Nachwuchs „einleuchtend" wirkt.

Wenn Corona Bamberg die „auf sich selbst bezogene, fromm-introvertierte Schar" [27] als Ausdruck einer verkürzten und vereinseitigenden Spiritualität ansieht, so muß man ihr insofern recht geben, als uns in Jesus auch immer der den Menschen zugewandte Christus begegnet, der in Gemeinschaft mit den Aposteln den Kontakt zum Menschen suchte, um ihre Gottesbeziehung zu erneuern und zu bereichern.

Andererseits ist der Abbau an „geistlichen Übungen", wie man sie in früheren Zeiten ganz selbstverständlich pflegte und der versuchte Ersatz durch Neuartiges oder auch Fremdartiges aus Asien und andern Kulturen mehr als

---

(27) C. Bamberg, a. a. O., S. 6

bedenklich, weil dadurch das eindeutig Christliche leicht verfremdet wird.

Was hat eigentlich zu jenem Pessimismus geführt, der Koser zu der Feststellung verleitet: „Mit müden Augen schaut der heutige Mensch auf Frömmigkeitsübungen, Gebetsformen, Methoden des innerlichen Lebens, auf Bilder und Gestalten, die für unsere Vorfahren eine Hilfe für ihr Leben mit Gott waren. All diese religiösen Formen dienten ihm dazu, die geoffenbarten Wahrheiten in ihr Leben einzubauen und sie mit ihrer Umwelt, den Methoden pastoralen Einsatzes, den Einrichtungen, Strukturen, Wertordnungen und Zielsetzungen in Beziehung zu bringen. All das, was in früheren Zeiten Geborgenheit, Freude und Mut gab, um auf dem Weg des Lebens mit Gott voranzuschreiten – hat seinen Zauber verloren, liegt als sandige Wüste vor ihm, bar aller Anziehungskraft, Schönheit und Fruchtbarkeit, ohne Wert, ohne Glanz, ohne Kraft!"[28]

Genügt der Hinweis, „wir leben in einer neuen, von Wissenschaft und Technik geschaffenen Welt, die neue Horizonte, neue Normen, neue Lebensweisen, neue Wertordnungen, neue Ziele aufweist"[29], um all das über Bord zu werfen, was zahlreiche Generationen vor uns in ihrem religiösen Leben prägte und heiligte? Bedürfen wir nicht gerade heute jener bewährten geistlichen Medizin der gediegenen Frömmigkeitsübungen dringend, um in dieser sich selbst zerstörenden Welt letzten Halt und den festen Boden zu erhalten oder auch zurückzugewinnen, ohne den wir in den Strudel der Gottlosigkeit hineingerissen würden?

Die Kapitulation vor Zeitgeist und Modetrend ist zum neuen Sündenfall geworden, der zur Verarmung im religiösen Leben geführt hat und zum Ersatz durch eine Vielzahl

---

(28) C. Koser, a. a. O., S. 35

(29) ebd., S. 35

von Aktionen, Konferenzen, Bildungsveranstaltungen oder auch nur Formen des „gemütlichen Zusammenseins". Dann wird der Fernseher zum Ersatztabernakel, und aus Exerzitien werden Diskussionsforen. Koser hat zwar in der Sache – „Was gut ist, behaltet" (1 Thess 5,21) – recht, wenn er Fehlformen, die im Gegensatz zur gesunden Frömmigkeit stehen, als „erbaulichen Kram" bezeichnet. Doch allzuleicht wird ein solcher Hinweis – zumal, wenn er aus der Feder eines Generalministers stammt – falsch verstanden, und kann zum Ärgernis für jene werden, die durch ihre schlichte gläubige Lebensweise als Laienbrüder wesentlich zum Bestand des Ordens beigetragen haben. Wie schwerwiegend für den Fortbestand des Ordens ihr langsames Aussterben ist, zeigt die wachsenden Schwierigkeiten der franziskanischen Niederlassungen mit der Wartung der Häuser, die immer mehr in weltliche Hände übergeht, mit all den Belastungen, die das bedeutet.

Als sehr richtig muß Koser's Bewertungsmaßstab für die Frömmigkeitsformen gewertet werden: „Von dem ‚Alten' ist wertvoll und erhaltungswürdig nur das, was wahrhaft gut ist, insofern und als es gut ist. Ebenfalls von dem ‚Neuen' ist wertvoll nur das, was wahrhaft gut ist, insofern und als es gut ist. Nicht ‚alt' oder ‚neu' ist die Frage, sondern wahr und gut." [30]

Das weitverbreitete Vorurteil, Jugendliche wüßten mit hergebrachtem religiösen Brauchtum nichts anzufangen, widerlegen eindeutig traditionsverbundene Gemeinschaften wie die Kath. Pfadfindergemeinschaft Europas, der Maria-Goretti-Kreis, die marianische Jugend 2000 und die Christ-Königs-Jugend, aber auch der Nachwuchs jener Ordensgemeinschaften, die ihre Tradition im wesentlichen pflegen und nicht ständig „auf der Suche nach neuen Wegen" sind. Von alten wie jungen Formen und Gebräuchen gilt: sie müs-

---

(30) C. Koser, a. a. O., S. 50–51

sen mit Leben gefüllt werden. Nur so entfalten sie ihre Kraft und Schönheit.

Auch das Ordenskleid besaß bisher eine spirituelle Bedeutung. In PC findet sich folgender Hinweis: „Das Ordenskleid als Zeichen der Weihe sei einfach und schlicht, arm und zugleich schicklich, dazu den gesundheitlichen Erfordernissen, den Umständen von Zeit und Ort sowie den Erfordernissen der Zeit angepaßt ..."[31]. Dies bewegt sich ganz auf der Linie einer Empfehlung des hl. Augustinus: „Eure Kleidung sei nicht auffallend; strebt nicht danach, durch eure Kleidung, sondern durch eure guten Sitten zu gefallen." Es läßt sich nicht leugnen, daß zumal in Kreisen der Ordensschwestern ein Designfieber ausbrach, das nicht immer die Grenzen des gebotenen religiösen Anstandes berücksichtigte; es entwickelte sich da so allerhand: vom Minirock bis zum Minischleier. (Anm.)

Wenn heute in der Öffentlichkeit immer seltener ein Ordenskleid zu sehen ist, so hat das sicherlich auch mit dem Rückgang der Ordensmitgliederzahlen zu tun, aber wohl mehr noch mit einer abnehmenden Zuneigung zur ordenseigenen Kleidung. Zu bestimmten Veranstaltungen, bei denen ein Erkennen der Ordenszugehörigkeit gewünscht oder zweckmäßig ist „wirft man sich zwar in Schale", aber ansonsten trägt man sein „Inkognito-Zivil", so daß die Prognose Maturas, der das Ende der Ordenstracht voraussieht, nicht unbegründet ist.[32] Dennoch sollten Ordensleute die Bestimmungen des kirchlichen Ordensrechtes beachten, wie die Bestimmung des Can 669 § 1: „Die Ordensleute sollen ein Ordenskleid tragen, das nach Norm des Eigenrechts angefer-

---

(31) PC, Nr. 17

Anm.: Folgende Begebenheit wurde dem Autor zugetragen: Eine Ordensfrau, die sich im Urlaub zivil kleidete, fühlte sich von einem Mann verfolgt. Hilfesuchend wandte sie sich an einen bayerischen Polizist, der ihr schroff zu verstehen gab: „Ziehen Sie Ihre Ordenstracht an, dann werden sie auch von keinem Mann belästigt."

(32) Vgl. Th. Matura, a. a. O., S. 37

tigt ist, als Zeichen ihrer Weihe und als Zeugnis der Armut."
Und § 2 desselben Canon: „Die Kleriker eines Institutes, das
keine eigene Ordenskleidung hat, sollen die Klerikerkleidung
nach Norm des Can 284 übernehmen." Dieser Canon aus dem
allgemeinen Kirchenrecht bestimmt: „Die Kleriker haben
gemäß den von der Bischofskonferenz erlassenen Normen
und den rechtmäßigen örtlichen Gewohnheiten, eine gezie-
mende kirchliche Kleidung zu tragen." Daraus muß
geschlußfolgert werden, daß der Ordenskleriker anstelle des
Habits sich nicht einfach zivil kleiden darf, sondern an die
diözesane Kleidervorschrift für Kleriker gebunden ist.

Zur Spiritualität gehört die Askese wie das Training zum
Sport. So sieht es jedenfalls Paulus, der nach seiner Berufung
ins Apostelamt tagtäglich von neuem einen Kampf zu bestehen hat, um seiner Berufung treu zu bleiben: „Denn ich tue
nicht das Gute, das ich will, sondern das Böse, das ich nicht
will" (Rö 7,19). Paulus will den Aushang des Kampfes zwischen „Pneuma" (Geist) und „Sarx" (Fleisch) nicht dem
Zufall überlassen, weshalb er „Askese" treibt, d. i. der aus
dem Griechischen stammende Ausdruck für die Sport-
übungen vor den olympischen Wettkämpfen. „Wißt ihr nicht,
daß die Läufer im Stadtion zwar alle laufen, aber daß nur einer den Siegespreis gewinnt … Darum laufe ich nicht wie einer, der ziellos läuft, und kämpfe mit der Faust nicht wie einer, der in die Luft schlägt; vielmehr züchtige und unterwerfe
ich meinen Leib, damit ich nicht anderen predige und selbst
verworfen werde" (1 Kor 9,24–27). Die Notwendigkeit der
Askese wird auch heute nicht geleugnet, wenn man auch von
der früheren Strenge der Bußübungen Abstand nimmt, so
Matura: „Das Wort Aszese hat einen doppelten Sinn. Der erste sehr allgemeine und grundsätzliche meint Selbstbeherrschung, Selbstkontrolle, Training … Es geht um die
Zügelung der Instinkte, deshalb sind Selbstbeherrschung
beim Essen und Trinken, Überwachung der Sexualität,
Maßhaltung bei Erholung und Zerstreuung angezeigt. Der
zweite Sinn ist enger, spezieller: Er meint aszetische Übungen

und Bußübungen, die in den Klöstern lange im Schwange waren ... Dazu gehören die Klausur ... das Stillschweigen, die Fastenzeiten, die Nachtwachen, das harte Lager, die rauhe Kleidung, die Disziplin."[33]

Koser warnt vor der Vernachlässigung der Askese: „Die oberflächliche Art, mit der man heutzutage die Askese lächerlich zu machen pflegt, ist ebenfalls tödliche Naivität. Und vergessen wir auch nicht diese Wahrheit: Askese ist weder Heiligkeit noch letztes Ziel noch Leben mit Gott. Sie ist lediglich nur Mittel zum Zweck. Aber ein notwendiges Mittel, vor allem in der gegenwärtigen Zeit. Ohne den klugen, aber auch tatkräftigen, folgerichtigen und mit Beharrlichkeit durchgeführten Einsatz der Askese wird kein Leben mit Gott in unseren Herzen bestehen können."[34]

Nicht ganz nachvollziehbar scheint mir in der Beurteilung der Askese durch Koser der Hinweis, daß die zur Wahrung der Spiritualität geübte christliche Askese nichts mit dem Leben mit Gott zu tun hätte; sie muß doch wohl als wichtiger Bestandteil dieses Lebens mit Gott gewertet werden, denn ohne Askese würden wir im Sinne des Pauluswortes der „Sarx" erliegen, d. h. ein gottabgewandtes Leben führen.

Wie für die einzelnen Sportarten eine typische Grundausbildung erforderlich ist, so für das Ordensleben eine solche aufgrund des Charakters der einzelnen Institute. Wohl gab es früher einen gewissen Konsens hinsichtlich einer Fundamentalaskese im Ordensstand, der sich auch in der Grundausbildung des Nachwuchses niederschlug. Das Noviziat war grundsätzlich eine Zeit der Berufsüberprüfung in räumlicher Abgeschlossenheit und konzentrierter geistlicher Beschäftigung, womit der Tag in Gebet, geistlicher Lesung und Unterrichtung aufgeteilt war. Diese Abge-

---

(33) Th. Matura, a. a. O., S. 67

(34) C. Koser, a. a. O., S. 63–64

schlossenheit wurde in vielen Gemeinschaften aufgegeben zu Gunsten einer Zweiteilung von innerklösterlicher Einführung in das geistliche Leben und einer außerklösterlichen sozialen Aktivität, gedacht wohl als ganzheitliche Hinführung zum späteren Ordensleben, das ja auch aus beidem besteht.

Kritisch möchte ich dazu anmerken, daß diese gutgemeinte Ganzheitlichkeit in der Ausbildung gerade in unserer mitunter bereits als nachchristlich bewerteten Gesellschaft die Tatsache zu wenig berücksichtigt, daß junge Menschen von heute, die in eine Ordensgemeinschaft einzutreten beabsichtigen, im Gegensatz zu früher oft nur ein Spurenwissen vom Glauben besitzen und häufig auch eine hauchdünne religiöse Praxis mitbringen, die ein so großes Nachholbedürfnis anzeigen, daß sie andersartige und außerklösterliche Beschäftigungen in der Noviziatszeit als nicht opportun erscheinen lassen. Die Umkehrung der früheren radikalen Abschirmung der Novizen von der Außenwelt in eine fast unbeschränkte Öffnung nach außen, kann sicherlich nicht die brauchbare Lösung sein. Sie legt den Verdacht nahe, die Durchhaltechancen bei den Neulingen durch den Sowohl-als-auch-Kontakt mit Kloster und Welt zu verbessern, obwohl nach meinen Beobachtungen die Rechnung bisher nicht aufgegangen ist. Die vielen Austritte beweisen eher das Gegenteil. Zu wenig beachtet wird die auch im religiösen Bereich vorhandene „Immunschwäche", für die junge Menschen immer anfälliger werden durch die Ansteckung im antichristlich-katholischen und antikirchlichen Umfeld, in dem sie aufwachsen. Sie bedürfen von daher des stabilisierenden Faktors durch eine gesunde aber auch wirksame Askese, die nicht in Dispensen sondern in Anforderungen liegt.

Von allen asketischen Übungen sind tägliche Gewissenserforschung und die regelmäßige Beichte die wichtigsten. Man spricht in unserer Zeit lieber von der häufigen Beichte, um einer Zwangsvorstellung zu entgehen. Doch läßt sich der Begriff „häufig" eng aber auch sehr weit fassen je nach

Einstellung und Vorstellung. Der Verlust von Ordens- und Priesterberuf steht sehr oft in Verbindung mit der nachlassenden Bereitschaft, eine Umkehr durch den Empfang des Bußsakramentes einzuleiten. Andererseits ist es kaum vorstellbar, daß jemand, der regelmäßig beichtet, die Berufungsgnade verliert und seine enge Bindung an Christus aufgibt.

Folgenschwer wirkt sich der weit verbreitete sexualethische Anarchismus auf den Priester- und Ordensnachwuchs aus. Der sexuelle Permissismus zersetzt nicht nur Ehe und Familie, er raubt auch der Jugend den Schutz und Halt für Enthaltsamkeit und Reinheit. Damit aber schwindet das Interesse an einem intensiven religiösen Leben und der Berufung in den Priester- und Ordensstand. Erst die Aufwertung der Tugend der Keuschheit kann hier Abhilfe schaffen. Besonders betrüblich ist, daß selbst in die katholische Jugenderziehung eine laxe Haltung in Fragen des geschlechtlichen Umgangs von Jungen und Mädchen eingedrungen ist, ja, daß kath. Jugendverbände Auffassungen vertreten, die mit der Sittenlehre der Kirche unvereinbar sind. (Anm.)

Erfreulich ist andererseits die Herausgabe einer Schrift im Hoheneck Verlag mit dem Titel „Keuschheit – verantwortete Sexualität", die hoffentlich Signalwirkung hat für eine Revision der Sexualerziehung in katholischen Erzieherkreisen und darüber hinaus. Treffend heißt es darin: „Theologisch betrachtet ist die Keuschheit ein ganz bestimmter Aspekt der Heiligung des Menschen. Ihre Auslegung als von Gott her beglaubigte und geheiligte Sexualtität verhin-

---

Anm.: Betrübliche Beispiele für die fortschreitende religiös-sittliche Dekadenz hierzulande sind das Songbuch 4 der KJG, vor allem aber die beiden Sexspiele „Erocity" der KJG in Rottenburg/Stuttgart und „Kein Tabu" des bischöflichen Jugendamtes in Mainz, Anleitungen zur sexuellen Enthemmung, die von der Bundesleitung des BDKJ unterstützt werden. Hier ist Sexualerziehung zur Unzuchtanleitung pervertiert. Der dadurch angerichtete Schaden vermehrt nur die Hoffnungslosigkeit auf wachsende Zahlen an Priester- und Ordensberufen. Von daher erklären sich aber auch die ständigen Angriffe aus kirchlichen Jugendämtern gegen die Oasen authentischer katholischer Jugendarbeit, wie sie die Katholische Pfadfinderschaft Europas und andere leisten.

dert, daß Sexualität, unter welchen Vorwänden auch immer, verhindert oder negiert oder auch – als anderes Extrem – als völlig autonomer, sich selbst überlassener Lebensbezirk betrachtet wird. Denn schließlich ist die Geschlechtlichkeit ein derart integrierender Teil der Ganzheit des menschlichen Lebens, daß sie dem schützenden und bewahrenden Gebot Gottes nicht entzogen sein kann und darf." [35]

Glaubens- und Sittenverfall innerhalb der Kirche sind die Hauptursache für den Priester- und Ordensnotstand. Gäbe es in allen Bereichen des kirchlichen Lebens, von der Familie angefangen, in Schule und kirchlicher Jugenderziehung eine klare und abwehrbereite Haltung gegen die Zerstörung des sittlichen Bewußtseins, stünde es um vieles besser mit der innerkirchlichen Entwicklung. Und solange keine Anzeichen für ein Umdenken erkennbar sind, muß es wohl erst noch schlimmer kommen, bis man zur Besinnung gelangt. (Siehe Statistik S. 138/139)

Kirche und Orden sind heute einer Großoffensive der „großen Hure Babylon" ausgesetzt, wie sie uns die Offenbarung des Johannes vorstellt: „Babylon, die Große, die Mutter der Huren und aller Abscheulichkeiten der Erde. Und ich sah, daß die Frau betrunken war vom Blut der Heiligen und vom Blut der Zeugen Jesu" (Offb 17,5–6). Was hier von Rom gesagt wird, bahnt sich im Neuheidentum unserer Zeit wieder an oder hat sich auch schon ausgewirkt unter den heidnischen Zeichen von Hakenkreuz und Sowjetstern.

Das Verderben setzt schon bei den Kleinen an, die den Hard-Sex im Fernsehen erleben, setzt sich bei den Schulkindern fort, die in der sogenannten Sexualkunde „aufgeklärt" werden, und in der Pubertät nichts von Enthaltsamkeit und Reinheit, um so mehr aber von Verhütungsmitteln erfahren und vom folgenlosen Ausprobieren.

---

(35) Hoheneck Verlag 1990, Heft 11: Keuschheit – verantwortete Sexualität, S. 15

Nach menschlichem Ermessen müßte die Kirche diese Schlacht um Wahrung von Glaube und Sitte verlieren; ihr Siegesbewußtsein ist das ihres Anfangs, als das moralisch versumpfte Weltreich Rom mit seinen Abscheulichkeiten ihr den Kampf ansagte und sie verfolgte. Steht sie auch heute wieder mit dem Rücken zur Wand – von ihren eigenen Kindern verraten und verlassen –, ihr Siegesbewußtsein ist unerschütterlich, weil der Herr mit seinem Wort und seinen Verheißungen zu ihr steht. Der Abfall vieler im Priester- und Ordensstand kann ihr nichts anhaben, denn die Treue der wenigen führt sie zum Sieg. Das ist das Versprechen des Herrn, in dessen Kraft und Geist die Kirche steht und lebt bis ans Ende ihrer Zeit.

Die Orden aber müssen erkennen, daß sie der Kirche in diesem Existenzkampf nur unter der Bedingung beistehen können, daß sie sich beständig – durch Askese gestärkt – die Geisteshaltung wahren, die ihre Anfangsbegeisterung ausmacht.

St. Dominikus

Bildsäule an der Michael-Kapelle (Klausenkapelle)
in Meschede / Hochsauerland

4. Kontemplation und Aktion

„Gott will für sich zugleich alles und nichts.
Alles, weil er seine Ehre keinem gibt; nichts,
weil er schon alles hat und als Liebender
nichts für sich will. Darum fordert er, daß wir
in allen Dingen nur ihn suchen, und daß
dennoch der ganze Strom unseres Dankes an
ihn umgelenkt werde auf die Welt. So hat die
unlösliche Einheit von Kontemplation und
Aktion in Gott selbst ihren Grund."

Hans Urs von Balthasar

Wir sprechen von beschaulichen Orden und meinen damit solche Gemeinschaften, deren Mitglieder nach dem Beispiel der biblischen Maria von Bethanien sich ganz dem Gebet, der Anbetung und der Betrachtung hingeben (Trappisten, Karmeliten/innen, Kartäuser, Klarissen u. a.), im Gegensatz zu den „aktiven Orden", die im äußeren Apostolat den Schwerpunkt ihrer Tätigkeit sehen und deshalb in Martha ihren Prototyp haben. Dennoch wäre es falsch, die Kontemplation oder Beschauung als Privileg einer bestimmten „Spezialeinheit" im Ordensstand zu sehen, vielmehr gehört sie schlechthin zum Lebensrhythmus der Ordensleute, deren Leben ansonsten der Gefahr des Aktionismus ausgesetzt wäre.

Das LThK definiert die Beschauung (Kontemplation) als „eine Form des inneren Gebetes, (sie) besteht in einem einfachen, liebenden Blick auf Gott oder göttliche Dinge ... je nach der verschiedenen Hauptursache dieses Vorgangs ... unterscheidet man eine erworbene (acquisita) und eine *eingegossene* (infusa) Beschauung. Sie beginnt gewöhnlich mit einer ‚Trockenheit' und der Unfähigkeit, bestimmte Akte im frei gelenkten Vollzug des geistigen Vermögens zu erwecken." [36]

Dies ist also mehr als „die vom Menschen her erreichbare religiöse Erfahrung, die aus seinem persönlichen Bemühen hervorgeht". Gegenstand der Beschauung sind die Heilstaten Gottes und die darin eingeschlossenen Mysterien, in die sich der Betrachtende versenkt. In der Christusverbundenheit wird die Beschauung als mystische Erfahrung erlebt, wie wir sie bei Paulus finden: „Seine Christusmystik entfaltet sich im Glaubensbewußtsein lebendiger (Gal 2,19f) und schicksalhafter (2 Kor 4,10f) Verbundenheit mit Christus." [37]

---

(36) LThK, Band 2, S. 288

(37) LThK, Band 7, S. 734

Bei Paulus entdecken wir die Synthese von Beschauung und Apostolat, die auch alle Aktivitäten des Ordenslebens bestimmen muß, um es fruchtbar zu machen. Das mystische Christuserlebnis treibt ihn nicht zur Weltentrücktheit, sondern befähigt ihn erst recht zum aufopfernden Apostolat.

Gewiß, die Beschauung wird um so intensiver sein, je günstiger die Bedingungen für die Versenkung in Gott, sein Wort und seine Heilstaten sind; und das rechtfertigt die Existenz beschaulicher Orden, die mit einer gewissen Ausschließlichkeit sich der Kontemplation hingeben.

Es wäre aber falsch, daraus ein Spezialistentum zu entwickeln, wie das in einer arbeitsteiligen Industriegesellschaft geschieht. Die Unterschiede in der Einstufung der Beschaulichkeit im Ordensleben dürfen nur in der Intensität bestehen, die wiederum von der Aufgaben- und Zielsetzung einer Gemeinschaft abhängt.

Jedenfalls gemieden werden müßte eine zu stark funktionale und aktivistische Auffassung von Ordensleben, wie Kraxner bemerkt: „So berechtigt die Sorge ist, den Dualismus zwischen apostolischer Tätigkeit und geistlichen Leben, zwischen Aktion und Kontemplation zu überwinden, und zu betonen, daß die Spiritualität sich im Tun zu vollziehen hat, so wenig darf dies zu einem rein funktionalen Verständnis unseres Lebens führen."[38]

Es gibt Dinge, die nur unter besonderen Bedingungen gedeihen: so bedürfen Tropengewächse ein bestimmtes Klima und Tiere ihren arteigenen Lebensraum. Die Beschauung steht unter der Bedingung des „claustrum" – wovon sich der Begriff „Kloster" ableitet, d. i. der abgeschlossene Bereich der klösterlichen Gemeinschaft, der nicht einfach unter der Parole „Die Menschen an unserem Leben im Kloster teilnehmen zu

---

(38) A. Kraxner, a. a. O., S. 38

lassen" zur Passage werden darf. Aus benediktinischer Sicht hat denn auch Ansgar Stöcklein sehr streng die Auflösungserscheinungen diesbezüglich gegeißelt: „Einem Kloster, das am Ende ist, fehlt die Kraft, sich abzugrenzen. Das beginnt mit Verschiebungen und Verwischungen der sichtbaren Grenze nach außen, der Klausur." [39]

Natürlich hat die Klausur eine unterschiedliche Gewichtung in den verschiedenen Orden und Ordensregeln. Dennoch kann eine Ordensgemeinschaft gleich welcher Art zur Aufrechterhaltung der „vita communis" auf den Innenbezirk als Intimbereich nicht verzichten, wie es auch bei Eheleuten selbstverständlich ist, ihren intimen Lebensbereich Fremden zu entziehen. Deshalb muß der Kritik von Stöcklein allgemeine Bedeutung zuerkannt werden, auch wenn die benediktinische Spiritualität vom Vordringen der Gäste in den Klausurbereich besonders betroffen ist: „ ... zumindest ist die fast uneingeschränkte Hereinnahme von Fremden ins Kloster ein Symptom und ein weiter Anlaß für dessen wachsende Selbstentfremdung ... Da wird Solidarität zum obersten Gebot, und zwar eine im Gleich-sein und nicht im Anders-sein bewährte. Die Andersartigkeit wird nicht mehr als organische Ergänzung und als Möglichkeit besonderen Dienstes angesehen, sondern als unbrüderliche Distanzierung." [40]

Aber auch Koser warnt vor dem Verlust der Zurückgezogenheit: „Um den Menschen und das Leben mit Gott zu retten, ist es unumgänglich, mit der modernen krankhaften Angst vor der Stille, vor dem Bei-sich-sein und vor der inneren Sammlung zu brechen." [41]

---

(39) A. Stöcklein, a. a. O., S. 168

(40) A. Stöcklein, a. a. O., S. 20–21

(41) C. Koser, a. a. O., S. 77

Beim völligen Verlust der Klausur werden Klöster allzuleicht zu Hospizen mit Tagungs- und Begegnungsstätten. Als Wohn- und Lebensbereich der Ordensleute muß die Klausur ihre Exklusivität bewahren, soll es zukünftig überhaupt noch Ordensleben geben. Denn die Art des Lebensraumes ist nicht unbedeutend für das innere Leben in Verbindung mit Gott, wenn man auch mitten im Trubel und Lärm einer Großstadt im verborgenen Claustrum des Herzens die Sammlung wahren und den Kontakt mit Gott aufrechterhalten kann, die Kunst großer Seelen wie einer Mutter Theresa in unseren Tagen, die gewohnt ist, mit dem Rosenkranz in der Hand auf Reisen zu gehen. Hüten wir uns vor der Geschwätzigkeit, mit der Weltmenschen ihren eigenen Lärm demjenigen der Technik beimischen, und damit jenen paranoiden Zustand erzeugen, der geradezu zum Lärmkonsum hinzieht, wobei das Denken, aber auch das Nachdenken auf der Strecke bleibt. Klöster als Oasen der Stille, die sie – wenn auch im getrennten Bereich – anbieten, damit die Menschen von draußen aus der Unrast wieder zur Besinnung finden, sind für unsere Zeit von unschätzbarem Wert. Doch nur Ordensleute, die aus der Stille kommen, können zur Rast anregen, nicht aber solche, die sich von der Unrast anstecken lassen und sich ihr ausliefern. Menschen aus der Oberflächlichkeit und Sinnverwirrung zu den Quellen der Lebensweisheit zu führen, das wäre eine sehr zeitgemäße Aufgabe für den Ordensstand. Voraussetzung dafür ist ein neues Erwachen für die Bedeutung von Stille und Kontemplation.

Der Meister des Schweigens in unserem Jahrhundert, der Saharaeremit Charles de Foucauld, lehrt über die Stille: „Unser Herz braucht diese Stille, diese Sammlung, in deren Mitte Gott sein Reich aufrichtet und wo der vertraute Umgang mit Gott Gestalt annimmt. Genau in dem Maße, wie das Gespräch des Herzens mit Gott Gestalt gewonnen hat, wird später das Leben Frucht tragen. Wenn dieses innerliche Leben gleich Null ist, dann helfen kein Eifer, keine guten Absichten, kein noch so großes Maß an Arbeit. Dann sind die

Früchte gleich Null. Dann möchte man den anderen Heiligkeit bringen und kann es nicht, weil man selbst keine besitzt. Man kann nur geben, was man selbst besitzt." [42]

Die Sterilität der heutigen Seelsorge, selbst dann, wenn sie durch Ordensleute ausgeübt wird, hängt wohl auch mit dem Verlust der Sammlung zusammen, die allein ein vertieftes Eindringen in die Wahrheit ermöglicht und sie als reife Erkenntnis zu vermitteln vermag, oder wie Charles de Foucauld es ausdrückt: „ ... diese Sammlung, dieses von sich Fortscheuchen all dessen, was nicht Gott ist, ist nötig für unser Herz, damit Gott sein Reich darin aufrichten und die innige Verbindung mit sich schaffen kann. Später werden wir genau in dem Maß Frucht bringen, wie der innerliche Mensch in uns gebildet ist." [43]

Zum Apparat gehört der Apparatschick, der im Räderwerk der Bürokratie seinen Part spielt, getreu den Spielregeln, die das Management festlegt. Nach seiner Funktionstüchtigkeit wird er beurteilt, denn nur so wie er funktioniert, profitiert der Betrieb an ihm. Nach seiner Gesinnung fragt niemand, oder nur dann, wenn er zum Störfaktor wird.

Im kirchlichen Bereich ist die Eignung zur Seelsorge nicht allein eine Frage von Titel und Diplom, Organisationstalent und Innovationsbereitschaft, vielmehr die Frage eines Gerufenseins von Gott, der den Berufenen für seine Sendung disponiert mit der Berufungsgnade, für die ein permanentes Geöffnetsein von seiten des Empfängers notwendig ist, um wirksam zu bleiben. Die Initialzündung wirkt sich als Zündvorrichtung für das weitere Wirken aus, denn wer an Gott angeschlossen ist, wird zur Lichtquelle für andere.

---

(42) Reinhard Frische, Wasser aus der Wüste, Brunnen Verlag 1988, S. 46

(43) F. Frische, a. a. O., S. 45

Alles hat seine Kehrseite, behauptet das Sprichwort. Auch Schweigen und Einsamkeit! Wie das Schweigen durch *Ver*schweigen sich ins Negative verkehrt, so die Einsamkeit durch *Ver*einsamung. Schweigen ist nicht Stummheit; wer verstummt, verrät Kommunikationshemmung; andererseits kann sich im Schweigen eine intensive Kommunikation vollziehen, die sich nicht mehr durch Worte bestätigen muß.

Beständig müssen wir uns neu in eine positive Grundeinstellung zu den Werten und Mittel der Gottverbundenheit einüben, um alles Negative zu verhindern, das ebenso nutzlos, ja schädlich wäre, wie die Abstinenz von jeglichem Tugendstreben.

5. Orden der Kirche – Orden für die Kirche

„Die kirchliche Dimension ist absolut wesentlich für ein richtiges Verständnis des Ordenslebens. Ordensleute sind das, was sie sind, weil die Kirche ihre Weihe an Gott vermittelt und ihr Charisma als Ordensleute garantiert ... Ein fruchtbares Leben des Ordenscharismas setzt das treue Ja zum Lehramt der Kirche voraus, denn es ist ein Ja zur Wirklichkeit und Identität des mit dem Papst vereinten Bischofskollegiums ...

Ferner, jeder möge sich klarmachen, daß das größte Mißverständnis des Ordenslebens und seines Charismas zugleich die schwerste Beleidigung ihrer Würde und ihrer Personen von denen herkommt, die ihr Leben und ihre Sendung außerhalb der Verbindung mit der Kirche ansiedeln möchten. Ein Betrüger der Ordensleute ist jeder, der versucht, ihnen Lehren gegen das Lehramt der Kirche einzuflüstern, die sie in ihrer Liebe empfangen und in ihrer befreienden Wahrheit geboren hat. Das Ja der Ordensleute zur Wirklichkeit der Kirche und ihre lebendige Verbindung durch sie und in ihr mit Christus ist wesentliche Vorbedingung für die Lebenskraft ihres Gebetes, die Wirksamkeit ihres Dienstes an den Armen, aber auch für die Gültigkeit ihres sozialen Zeugnisses, die Qualität ihrer gemeinschaftlichen Beziehung, das Maß des Erfolges ihrer Erneuerung und die Garantie der Echtheit ihrer Armut und ihres einfachen Lebensstils. Und nur in der vollen Einheit mit der Kirche wird ihre Ehelosigkeit zu jener vollen und annehmbaren Hingabe, die dem Verlangen ihrer Herzen entspricht, sich selbst Christus hinzuschenken und alles von ihm zu empfangen, um in seiner Liebe fruchtbar zu werden."

Johannes Paul II.

Sowohl Lohfink* als auch Metz beklagen die Vereinnahmung der Orden durch die Kirche. So klagt Metz: „Gibt es schließlich nicht so etwas wie eine ‚List' der Großkirche, die Orden anzupassen und den Antagonismus zu entspannen? Gehört vielleicht der Vorgang der zunehmenden ‚Verpriesterlichung' der Orden in der Neuzeit zu dieser Anpassungslist? Wird heute die rechtliche Exemption der Orden (gegenüber den Bischofskirchen) überhaupt noch im Sinne eines (für die Gesamtkirche) fruchtbares Spannungsverhältnis eingesetzt? Sind inzwischen viele Orden oder doch eine große Anzahl einzelner Ordenshäuser – zumindest bei uns – nicht schon viel zu fest ‚verplant' von Pastoralplänen ..." [44]

Es läßt sich nicht verhehlen, daß die Kirche – bei uns in Deutschland – aufgrund ihrer Finanzkraft, eine Machtposition besitzt, die sie für Anstellungssuchende besonders attraktiv macht, und immerhin sind auch Orden verständlicherweise an der Ausgeglichenheit ihres Budget interessiert, was hin und wieder dazu verführen mag, ein Gefälligkeitsverhalten den Ortskirchen gegenüber ordenseigenen Interessen vorzuziehen. Das aber kann man dann nicht den Ortskirchen anlasten, die sich ja doch grundsätzlich an das ins allgemeine Kirchenrecht eingefügte Ordensrecht halten und sich daran in ihren Verhandlungen mit den Orden orientieren. So ist es jedenfalls weit übertrieben, von einer „List" oder Manipulation der „Großkirche" im Umgang mit den Orden zu sprechen, um sich diese gefügig zu machen. Und auch die Vermutung einer „Verpriesterlichung" der Orden durch den Einfluß der Ortskirchen ist eine Unterstellung, die völlig unbeachtet läßt, daß keine kirchliche Instanz Berufungen „verplanen" kann wie sie will, sondern mit Berufungen beschenkt wird – oder auch nicht – und das sowohl in Diözese und Orden.

---

* vgl. Norbert Lohfink, „Kirche träumen, Reden gegen den Trend", Herder 1982, S. 181

(44) J. B. Metz, a. a. O., S. 17

Die Existenzfrage für die Orden stellt sich meines Erachtens überhaupt nicht mit der Frage nach dem Engagement in einer Ortskirche. Dieses sollte eine Selbstverständlichkeit sein! Denn Orden sind schließlich nicht für sich, sondern für die Kirche da. Ein solches Engagement kann sogar im verstärkten Ausmaße gefordert sein, wenn Ortskirchen wegen des akuten Priestermangels auf die verstärkte Hilfe der religiösen Institute und ihrer Priester angewiesen sind, ganz im Sinne des Konzils: „Die Institute sollen ihre eigenen Arbeiten beibehalten ... Dabei sollen sie auf den Nutzen der Gesamtkirche und der Diözesen schauen" (PC 20).

Bei einer ausgewogenen Interessenberücksichtigung kann von „Verplanung" nicht die Rede sein. Und es ist auch meines Wissens die übliche Praxis, auf dem Weg der Verhandlung gegenseitige Interessen zwischen Orden und Ordinariaten abzuklären, wobei die Vereinigung der Höheren Oberen/Oberinnen Verhandlungspartner für die Bischofskonferenz ist. Da jede Einzelberufung in die Orden zugleich eine Berufung durch die Kirche in derselben ist, kann nicht von „List" die Rede sein, wenn die Kirche das ein oder andere Ordensmitglied für besondere Dienste wie das Bischofsamt erwählt. Ein echtes Problem erwächst den Orden aus der Aufwertung der Laien zu mehr Mitsprache durch das 2. Vaticanum. Die Zeiten, da Bewerber für den Laienbruder ein entsprechend niedriges Bildungsniveau mitbrachten, sind vorbei. Somit stellt sich verschärft die Frage nach dem Verhältnis von Ordenspriesterbruder und Ordenslaienbruder. Im Ordensrecht der Kirche gilt bisher die Unterscheidung von Priester- und Laieninstituten. Diese grobe Einteilung trägt dem Umstand, daß viele Institute alter und neuer Herkunft gemischte Gemeinschaften von Priestern und Laien sind, nicht die gebührende Beachtung. So besteht bis heute eine latente Unzufriedenheit unter Laienbrüdern in sogenannten Priesterorden wegen der fehlenden Möglichkeit, Obernämter zu bekleiden.

In Rom wird man dieses Problem nicht länger unbeachtet lassen dürfen, soll den gemischten Orden nicht das Laienelement verloren gehen. Orden dieser Art von Lebensgemeinschaft zwischen Priestern und Laien könnten Vorbildcharakter haben für das Verhältnis von Priester und Laie ganz allgemein. Weder Klerikalisierung noch Laisierung dürfte also die Lösung sein, sondern das fruchtbare Miteinander von beiden, ohne Einebnung von Priester- und Laienstand.

Die Frage, ob es den Orden gelingt, die Gegenwart in Hinblick auf die Zukunft zu bewältigen, hängt in erster Linie mit dem geistlichen Potential zusammen, das noch vorhanden ist oder aber auch neu entsteht. Wer krank ist, wird nicht gesund durch Schuldzuweisungen; er muß bereit sein, die Medizin zu schlucken – auch wenn sie noch so bitter ist – die ihm der Arzt verschreibt. Heute greift man gern wieder zu Naturheilmittel, zur Apotheke unserer Vorfahren. Vielleicht wären auch die Orden gut beraten, die als zeitgemäß angepriesenen geistlichen Pharmazeutika, deren ungewünschte Nebenwirkungen inzwischen bekannt sein dürften, abzusetzen und sich den altbewährten geistlichen Übungen – mit den nötigen Korrekturen – erneut zuzuwenden.

Was heute fehlt – in Kirche und Orden – sind Diener der Wahrheit, die nicht das ewige Wort Gottes um eines fragwürdigen Gefälligkeitsdienstes gegenüber einer auf Diesseitigkeit und Lebensgenuß ausgerichteten Welt verbiegen, sondern den Forderungen Gottes und der in seinem Auftrag lehrenden Kirche Geltung zu verschaffen gewillt sind. –

Entwicklungen können erahnt, aber schlecht vorausgesagt werden. Das gilt auch von der weiteren Entwicklung im Krisenherd Ordensleben. Es ist nicht auszuschließen, daß der Umbruch, der wie ein Erdbeben die Kirche erzittern läßt, von einer restaurativen Welle erfaßt wird, die die alten Werte und Strukturen des Ordenswesens in neuer Form wiedererstehen läßt.

Wir dürfen eine solche Entwicklung nicht nur nicht ausschließen, sondern sollten dieses Anliegen in Bittform vor Gott tragen, von dem schließlich jegliche Neuwerdung ausgeht und abhängt. Vielleicht sind sie schon unter uns, die Gott zu seinen Werkzeugen ausersehen hat, um das Blatt in der Geschichte von Kirche und Orden zu wenden. Vielleicht aber ist es sein Wille, daß Kirche und Orden eine längere Durststrecke erleiden, um für eine spätere Läuterung heranzureifen.

Unverständlich ist auf diesem Hintergrund das anhaltende Desinteresse, das Opus Dei, der St.-Petrus-Priesterbruderschaft (Anm.) und anderen Aufbruchbewegungen den Zugang in die offizielle kirchliche Öffentlichkeitsarbeit erschwert oder gar versperrt, obwohl diese die höchste kirchliche Anerkennung gefunden haben und Paul VI. das Opus Dei „als lebendiger Ausdruck der ewigen Jugend der Kirche" bezeichnet hat.

Es bedarf schon manchmal eines tiefen Vertrauens, um nicht der Hoffnungslosigkeit und Resignation zu verfallen oder auch einer Gleichgültigkeit, die sich nicht mehr um das Rechtmäßige und Sinnhafte des heute Üblichen kümmert. Denn wer einfach mitmacht, erspart sich Ärger; er überläßt den anderen die Verantwortung, schiebt sie auf die Amtsträger ab und beruhigt sein Gewissen mit der Gehorsamspflicht.

Auf dieser sanften Welle hat es niemals in der Kirche Erneuerung gegeben, und diese wird es auch im Leben der Ordensleute nur dann geben, wenn es dort Kämpfergestalten vom Format eines Johannes vom Kreuz oder auch einer Theresia von Avila gibt, Menschen vom Schlag eines Benedikt, dessen Leitspruch „Nihil Operi Dei praponatur"

Anm.: Das päpstliche Dekret „Ecclesia Dei" wird offensichtlich vom deutschen Episkopat ignoriert oder auch nur restriktiv angewendet.

(Nichts darf dem Dienst für Gott vorgezogen werden) wieder zur Maxime jedes Ordenslebens werden muß. Nicht um den Menschen, sondern um Gott dreht sich die Welt, und deshalb muß sich auch im Leben der Orden alles um Gott drehen, um für die Menschen nützlich zu sein.

Wer könnte die Situation von Kirche und Orden besser einschätzen als unser Heiliger Vater? Deshalb finden wir ihn immer wieder in der Rolle des *ersten Vorbeters* der Kirche, wissend, daß letztendlich nur Gott die Not seiner Kirche wenden kann. Verstärken wir seine Bitten mit unserer Stimme:

Herr Jesus, wie Du einst die ersten Jünger gerufen und zu Menschenfischern gemacht hast, so laß auch heute ständig Deine gute Einladung erklingen: „Komm und folge mir!". Gib den jungen Männern und Frauen die Gnade, Dir bereitwillig auf Deinen Ruf zu antworten!

Steh unseren Bischöfen, den Priestern und den Ordensleuten in ihren mühevollen pastoralen Arbeiten bei. Gib Ausdauer unseren Seminaristen und allen, die das Ideal der Ganzhingabe in Deinem Dienst zu verwirklichen suchen.

Erwecke in unseren Gemeinschaften den missionarischen Geist. Sende, Herr, Arbeiter in Deine Ernte und laß nicht zu, daß die Menschheit durch das Fehlen von Priestern, Missionaren und Ordensleuten zu wenig das Evangelium erfährt.

Maria, Mutter der Kirche, Vorbild jeder Berufung, hilf uns, dem Herrn, der uns ruft, am göttlichen Heilsplan mitzuarbeiten, mit „Ja" zu antworten.
Amen.

(Gebet Johannes Paul II: zum Weltgebetstag für geistliche Berufe 1987)

Eine Nachlese

Meine Ausführungen wollen weder Werbung für, noch Warnung vor den Orden sein, sondern schlicht und einfach ein wenig Material zum Nachdenken über Zustand und Sinngehalt des Ordenslebens liefern. Sie möchten im guten Sinne aufklärend wirken und sind vor allem an junge Menschen gerichtet, die sich mit dem Ordensleben als Lebensziel beschäftigen.

Gewiß ist damit keine Krise behoben – weder im Ordens- noch im Priesterstand. Die primäre Voraussetzung für eine Erneuerung von beiden, so daß wieder klösterliche Gemeinschaften wachsen oder sich neue bilden – gleich welcher Art – oder auch der Priesternachwuchs wieder zunimmt, ist zunächst und ganz vordringlich das Zurückfinden zu einer gesunden christlichen Menschenbildung in Elternhaus, Kirche und Schule, zu einer überzeugend gelebten Frömmigkeit, ferner zu einem kindlich frohen Glauben und zu einer biblischfundierten Askese.

Ohne die Erfüllung dieser Voraussetzungen werden weitere Klöster schließen müssen und sich auch die Seminarien weiter entleeren.

Leider verhallen bisher ungehört die Aufforderungen zu einer Kurskorrektur im deutschen Katholizismus, die ihren Anfang mit der Überprüfung vom unguten Zeitgeist infizierter und inspirierter „Neuordnungen" nehmen müßte.

Allzu offenkundig ist, daß nach dem 2. Vaticanum eine zweite Reformation einsetzte, die mit der lutherischen des 16.

Jahrhunderts verblüffende Ähnlichkeiten aufweist: Verlust des Weihepriestertums, Auflösungserscheinungen in den Orden und Auszug der Gläubigen aus den Gotteshäusern Nicht Werbespots – womit die Kirche auf das Niveau der Sekten absinken würde –, sondern die Rückbesinnung auf unverzichtbare katholische Werte, ist das heilsame Mittel der Erneuerung. Und auch Ordensgemeinschaften verausgaben unnütz ihre Sparkonten, wenn sie meinen, durch Anzeigen sich eine bessere Publicity zu verschaffen. Wie sonst wäre es möglich, daß gerade weltabgeschiedene kontemplative Orden keine Nachwuchssorgen haben.

Bezeichnend ist die Werbemethode Jesu selbst, der auf die Verlegenheitsfrage jener Johannesjünger, die ihm gefolgt waren: „Herr, wo wohnst du?", die Antwort gab: „Kommt und seht" (Joh 1,38–39). Hierbei wird Werbung durch das Lebenszeugnis ersetzt, Propaganda durch Anschauung.

Man geht nicht fehl, von einem Selbstverstümmelungssyndrom zu sprechen, das besonders auf die Liturgie der Kirche seine Auswirkung hat und die reichhaltige Tradition zumal der alten Orden. Den in nachkonziliarer Zeit bis heute in der Kirche vollzogene Abbau hat das Konzil sicherlich so nicht gewollt, noch veranlaßt. Er ist der Eigendynamik der Verunsicherung zuzuschreiben, die nach dem Konzil einsetzte und zu einer beispiellosen Autoritätskrise führte. Was als Konzessionsbereitschaft in dem begrenzten „ad experimentum" und „ad libitum" den kirchlichen Zerfall verhindern sollte, hat dennoch bis heute der Willkür keinen Riegel vorzuschieben vermocht. Man könnte auch von einem Schwelbrand sprechen, den man mit dem klassischen Mittel der Disziplin (Kirchenrecht) nicht unter Kontrolle zu bringen vermag. –

Noch bevor es eine Art Ordenstand gab, existierte von Anfang an das Priestertum in der Kirche. Dies erklärt sich aus der unbedingten Notwendigkeit von Bischofs- und Presbyteramt für Aufbau und Bestand der Gemeinden. Was aber für damals galt, gilt auch für heute: Der geweihte Priester ist unersetzlich für den Bestand des Gemeindelebens. Deshalb muß die Förderung von Priesterberufungen und die Sorge um den Priesternachwuchs vorrangig vor allen anderen Obliegenheiten sein.

Als bedeutsam für die Neugestaltung oder auch Konsolidierung des außerklösterlichen Priesterlebens ist m. E. jener Passus im Konzilsdekret „Presbyterorum ordinis" zu werten, wo es heißt: „Damit die Priester ... im geistlichen Leben und für die Erweiterung ihrer Kenntnisse aneinander Hilfe haben, damit sie besser in ihrem Dienst zusammenarbeiten können und vor Gefahren geschützt sind, die vielleicht dem Einsamen drohen, soll das *gemeinsame* Leben oder eine Art Lebensgemeinschaft unter ihnen gefördert werden" (Nr. 8).

Die deutschen Bischöfe greifen in ihrem Schreiben an den Klerus über den priesterlichen Dienst vom 24. September 1992 dieses Konzilsanliegen auf und führen mehrere Gründe für eine priesterliche „vita communis" an, ausgehend von der praktischen Schwierigkeit, heutzutage einen eigenen Pfarrhaushalt zu gründen, bis hin zur möglichen Vereinsamung und der nicht jedem gegebenen Fähigkeit, als Einzelkämpfer zu leben.[45]

Mir scheint, daß dieser Ratschlag, eine Art priesterlicher Kommunität zu gründen, für die zukünftige Existenz des Priesters von großer Wichtigkeit zu sein, wobei man in brüderlicher Zusammenarbeit auf Pfarrverbandsebene die Arbeit teilen und sich gegenseitig entlasten könnte; auch der ältere, vielleicht schon pensionierte Mitbruder sollte nicht ohne weiteres davon ausgeschlossen sein.

---

(45) „Schreiben der deutschen Bischöfe über den priesterlichen Dienst", Hrsg. Sekretariat der Deutschen Bischofskonferenz, 1992, S. 32

Solche Priesterkommunitäten ließen sich bereits im Seminar anbahnen und durch ein gemeinsames spirituelles Vorbild festigen. Es sollte dies gewiß nicht als Ersatz für das Ordensleben gesehen werden, wenn solche Kommunitäten auch für den ein oder anderen Priesteraspiranten, der eine Neigung zum Ordensleben in sich verspürt, als eine willkommene Alternative erscheinen mag.

So können Notzustände auch heilsame Denkanstöße geben.

Statistik Priesternachwuchs
(Entnommen dem Jahresheft für geistliche Berufungen 1994)

Die Statistiken zeigen eine seit 1983 kontinuierlich absteigende Kurve der Berufungszugänge an Diözesan- und Ordenspriestern, was die Frage aufwirft, wann denn nun die Talsohle erreicht sein wird. Auffallend ist auch der fast gleichmäßige Verlauf der ansteigenden wie abfallenden Säulen bei Diözesan- und Ordenspriestern. Das ganze Debakel zeigt sich erst, wenn man bedenkt, daß diese Zugangszahlen durch spätere Austritte weiter schrumpfen werden.

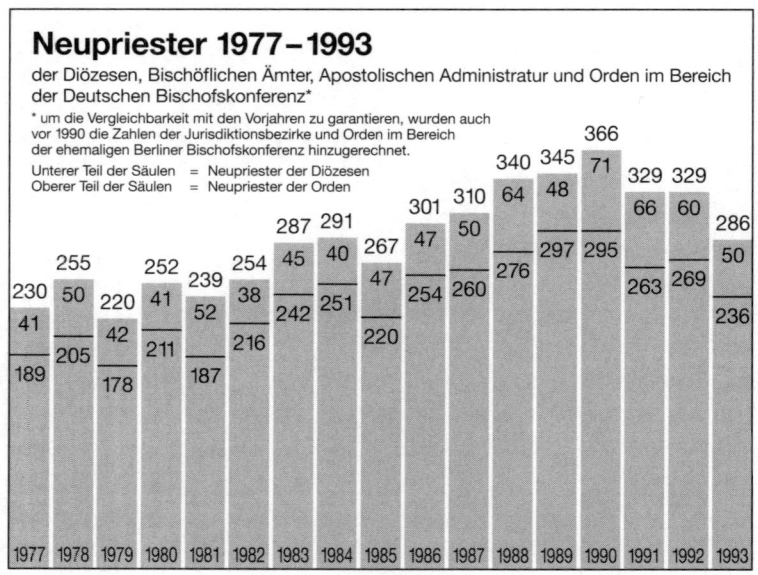

Neupriester 1977–1993

der Diözesen, Bischöflichen Ämter, Apostolischen Administratur und Orden im Bereich der Deutschen Bischofskonferenz*

* um die Vergleichbarkeit mit den Vorjahren zu garantieren, wurden auch vor 1990 die Zahlen der Jurisdiktionsbezirke und Orden im Bereich der ehemaligen Berliner Bischofskonferenz hinzugerechnet.

Unterer Teil der Säulen = Neupriester der Diözesen
Oberer Teil der Säulen = Neupriester der Orden

Neuaufgenommene Priesterkandidaten 1977–1993

der Diözesen, Bischöflichen Ämter, Apostolischen Administratur und Orden im Bereich der Deutschen Bischofskonferenz*

* um die Vergleichbarkeit mit den Vorjahren zu garantieren, wurden auch vor 1990 die Zahlen der Jurisdiktionsbezirke und Orden im Bereich der ehemaligen Berliner Bischofskonferenz hinzugerechnet.

Unterer Teil der Säulen = Neupriester der Diözesen
Oberer Teil der Säulen = Neupriester der Orden

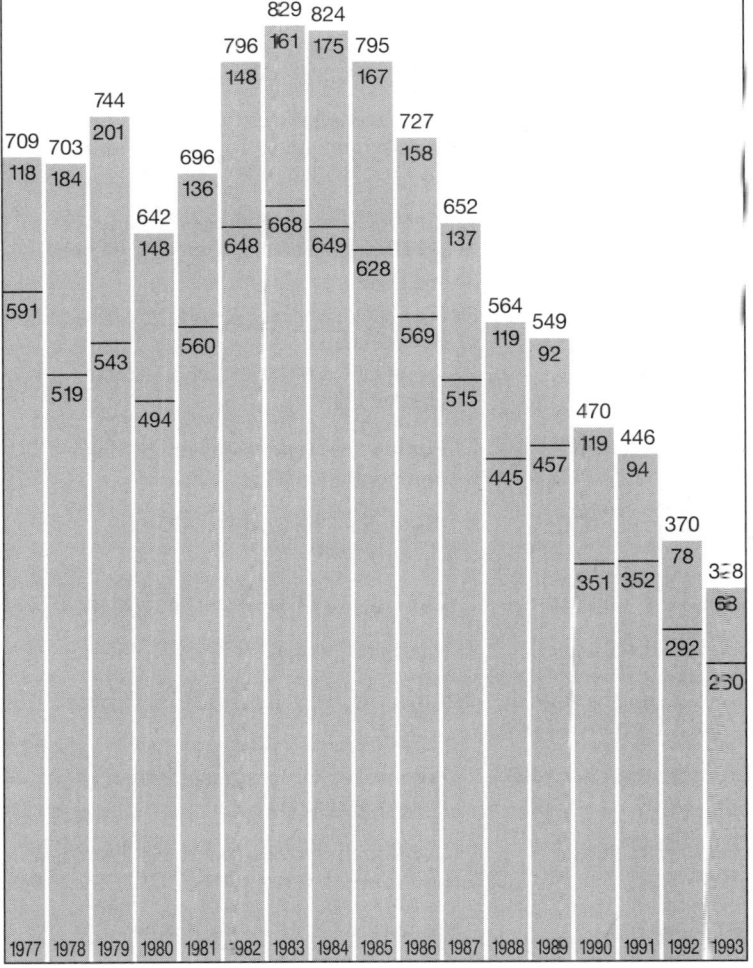

Literaturverzeichnis

Constantin Coser OFM	Unser Leben mit Gott in der Welt von heute, Dietrich-Coelde-Verlag 1972
Johann Baptist Metz	Zeit der Orden? Zur Mystik und Politik der Nachfolge, Herder, 1977, 3. Aufl.
Thaddäus Matura OFM	Die Orden am Scheideweg, Dietrich-Coelde-Verlag 1982
Basilius Streithofen OP	Die Divisionen des Papstes, Vom Wertewandel in den Klöstern, Langen Müller 1988
Ansgar Stöcklein OSB	Zerbrochene Synthese, 1972 in den „Salzburger Sozialwissenschaftlichen Studien"
Rudolf Henseler	Ordensrecht, Ludgerus-Verlag 1987
Norbert Ruf	Das Recht der Katholischen Kirche, Herder 1983
Gottfried Heinelt	Einführung in die Psychologie des Jugendalters, Herder 1982
Dominique Le Tourneau	Das Opus Dei, Christiana Verlag, 2. Aufl. 1988
Josef Kardinal Ratzinger	Zur Lage des Glaubens, Neue Stadt 1985
Nikolaus Lobkowicz	Was brachte uns das Konzil?, Pfeiffer 1986

Gemeinsame Synode der Bistümer der BRD von 1971–76, Herder 1976, 2. Aufl., Ordensdokument

Corona Bamberg OSB	Lernprozeß Ordensgemeinschaft, Kyrios-Verlag 1973
Herbert Holzapfel	Handbuch der Geschichte des Franziskanerordens, Herder 1909
Karl Ipser	Franziskus, rette meine Kirche, Christiana-Verlag 1977

Johannes B. Freyer OFM	Der demütige und geduldige Gott, Johannes-Duns-Skotus-Akademie, Mönchengladbach 1991
Reinhard Frische	Wasser aus der Wüste, Brunnen Verlag, Gießen 1983
Georg May	Demokratisierung der Kirche, Möglichkeiten und Grenzen, Verlag Herold 1971
Alois Kraxer OSSR	Elemente einer neuen Spiritualität, Herder 1977
Anton Rotzetter OFM	(Hrsg), Geist wird Leib, Benziger 1979

Heft 11, Keuschheit-verantwortete Sexualität, Hoheneck-Verlag 1990

Lexikon für Theologie und Kirche, Herder 1986

Jan Kerkhofs,	„Das Schicksal der Orden – Ende oder Neubeginn" Herder 1971 Hermann Stenger, Jan Ernst

Kreuzgang
in der ehem. Benediktiner-Abtei in Schmallenberg-Grafschaft

Weitere Veröffentlichungen des Autors:

1. **„Kirche auf dem Prüfstand"**
   Katholizismus im ausgehenden 20. Jahrhundert
   R. G. Fischer Verlag 1989
   ISBN 3-88323-949-6

2. **„Pfade zu Gott"**
   Katechismus für die Jugendarbeit
   Deutscher Spurbuchverlag 1988
   ISBN 3-88778-162-7

3. **„Anregungen für das betrachtende Beten des Rosenkranzes"**
   Bonifatius GmbH Druck · Buch · Verlag 1993
   ISBN 3-87088-765-6

Daten des Autors:

P. Gerold Schmitz OFM
Geboren: am 21. März 1926 in Euskirchen,
                   Erzdiözese Köln
Ordenseintritt: am 2. Juni 1947 in Rietberg
Priesterweihe: am 25. Juli 1953 in Aachen
Tätigkeiten: Mission (Taiwan),
                   Krankenhaus- und Pfarrseelsorge